허영만의 6000만 원 ❷

허영만의

6000만원

저평가우량주를 알아보는 안목

2

글·그림 **허영만**

가디언

'하룻강아지 범 무서운 줄 모른다'는 속담처럼
왕초보 저 허영만은 나이 일흔 넘어 겁 없이 주식투자에 도전했습니다.
첫 투자금 3000만 원은 다섯 분 고수의 도움을 받은 덕분에
다행히 얼마간 수익을 남겼습니다(수익율 31.92%).
초보치고 준수한 편이었습니다.

무모한 자신감으로 이번에는 종잣돈을 6000만 원으로 올렸습니다.
하지만 시시각각 변하는 세상에 치열하게(?) 돈을 까먹으며
실전 공부를 하고 있습니다.
미·중 무역 전쟁, 일본의 수출 규제와 같은 현실은
각종 주식 관련 책 속에는 없습니다.

고수는 왜 고수일까요?
호랑이 사냥, 고래 사냥에 나섰다가 한강 다리 위에도 서봤던
산전수전 다 겪은 고수들을 만나기로 했습니다.
과연 주식시장에서 허투루 돈 번 사람은 없었습니다.
피눈물을 삼켜 본 고수들은 자신만의 투자 방법이 있었습니다.
그들은 저에게
"투자 원칙은 지키되 자신만의 투자 방법을 가져라"라고 합니다.

저에게는 꿈이 있습니다.
1년 중 한 달은 골프장에 가서 라운딩한 다음,
와인을 곁들인 저녁을 먹고 집에 들어와
손주와 말린 대추야자를 먹다가 아무 데서나 잠드는 것입니다.
그 꿈을 이루기 위해 여러분과 함께 고수들을 만나러 가보겠습니다.

2019년 8월 15일
허영만

| 차례 |

작가의 말 • 4

이정윤

11화
공신력 있는 투자자

이정윤

이정윤

밸런스투자아카데미 대표

주식거래하는 사무실 가면
이렇게 과자를 내놓든데 왜 그런가요?

음~ 단것이 자주 땡깁니다.

왜요?

스트레스받으면 그런가 봅니다.
스트레스받으면 담배나 술을 하잖아요?
그런데 장 중에는 담배나 술을 못 하니까
사탕이나 초콜릿을 먹으면
좀 나아요.

오늘 인터뷰 요지는 아시죠?
주식 만화에 넣을 겁니다.

선물로 책 가져왔습니다.

아, 이 책 있습니다.
네 권 다 읽었습니다.

와우! 원래 있었군요!

솔직히 말씀드리면
인터뷰 요청 전화받은 날 주문해서
저랑 전 직원들이
모두 읽었습니다.

재미있었습니까?

전업 투자자 입장에서는
지루한 면도 있었지만
초보자에게는
유용했을 겁니다.

사실 그것이 문제입니다.
그래서 전문 투자자들의 얘기를
초보 투자자에게 전달하는 식으로
꾸려가고 있어요.

전작 주식 만화 《3천만원》에서 얘기했듯이
저는 돈 생기면
전에는 부동산을 샀었고,
요새는 은행에 맡겨두고 끝이거든요.

바보라고요.

그래서 독자들은 주식에
신경을 써보시라는
제안식 만화입니다.

마누라가 남편이 《3천만원》 주식 만화 하는 걸 보고
주식에 손댈까 봐 조마조마했었는데
주식 만화가 끝나니까 '휴~' 하고 한숨을 쉬더라고요.

그런데 작년 가을에 퇴근해서 집엘 가니까
마누라가 눈이 둥그레 가지고
"아니! 웬 주식을 이렇게 많이 샀어?"

어떻게 알았나 했더니 은행에서 집으로
투자 현황을 알리는 편지를 보낸 겁니다.

그때가 주식시장이 무척 안 좋을 때였고
실제로 주가 떨어지는 소리가 초상집 곡소리마냥
그치질 않을 때였다.

마누라는 나만 보면 말했다.

얼마 손해났어?
지금이라도 손 털어요, 제발.

아닌 게 아니라 매수 초기에는 20% 수익이 났던 것이
나중엔 추락해서 최고 20%까지 손실을 보고 있었다.

선수들 같으면
손절했겠지만
꿋꿋이 버텼다.
조금씩 조금씩
반등하기 시작했다.

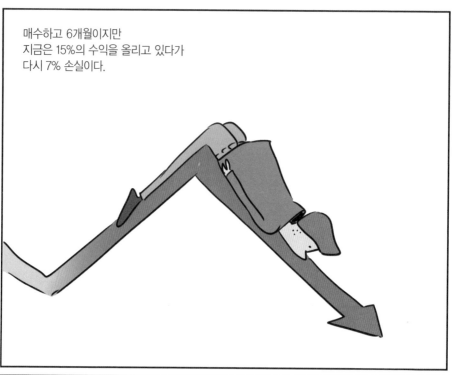

매수하고 6개월이지만
지금은 15%의 수익을 올리고 있다가
다시 7% 손실이다.

노후 자금을 일부 투자한 이유는 이렇다.

3~4년 후 라면으로
끼니를 때울 것인가!

아니면 칼질하면서
와인을 마실 것인가!

남편과 부인이 서로 모르게 주식거래를 한다.

수익이거나 손실이거나 말을 하지 않고 넘어간다.

수익이 생기면 자신의 비상금이 늘어나고
손실이 생기면 상대에게 욕먹기 싫어서다.
그래서 말을 아낀다.

인터뷰 내용이
이정윤 대표 실명으로
나가도 괜찮습니까?

그럼요.
저는 실명으로
책을 두 권 냈기 때문에
상관없습니다.

제가 엘리트 코스를 밟은
투자자가 아니기 때문에
재미있는 굴곡은 있을 겁니다.

ㅎㅎ 기대가 큽니다.

이 바닥에서 투자로 성공을 했다 하면
어느 정도 액수를 얘기하는 거죠?

운동선수 같으면 랭킹이 있으니까
가늠하기 쉽고
바둑이라면 단을 얘기하니까
알기 쉽지만
주식은 사실 잘 알 수가 없어요.

이러면 통장을 보여줄 수도 없는 것이고….
혹은 이걸 앞세워 무슨 일을 꾸미고 있는
사기꾼일 수도 있고….

그래도 소문이 도는
투자자가 있을 것 아닙니까?

성공했다는 것의
공신력이 있습니다.

박영옥 주식농부 같은 분은
한 종목을 5% 이상 소유해서
지분 공시를 몇 번 했기 때문에
대외적 신뢰가 있는 것이죠.

아! 최소한
지분 공시 한 정도는
벌었구나

또 투자 대회에서 입상을 하면
공신력 있는 투자자라고 생각합니다.

우리나라에 이 두 가지를 함께 한 투자자가 없는데
그 이유는 주로 5% 지분 공시는 장기 투자자들이 하고,
투자 대회 입상은 단기 투자자들이 하기 때문입니다.

그런데 저는 5% 지분 공시도 했었고
키움증권 실전투자대회에서
4년 연속 수상(2013~2016년)도 했기 때문에
자의 반 타의 반 공신력이 있는 투자자라…
생… 각….

주식 투자자 중 여유 자금을 가지고 투자한다면
중장기 투자를 선호할 것이고,
적은 돈으로 하루 종일 매매하는 사람들은
투자 대회 우승자를 선호할 것이다.

2019년 6월 24일 (월)

 최준철 브이아이피자산운용 대표

매일유업
8만 6000원에
5주 매수.

허영만

주문.

허영만

체결.

2019년 6월 25일 (화)

 이홍장 이상투자그룹 수석 전문가

로보티즈 1만 8000원에
100만 원 매도합니다.

허영만

56주 매도 주문.

 이홍장 이상투자그룹 수석 전문가

에이디칩스 2,270원에
전량 매도 주문합니다.

허영만

440주 전량
매도 주문.

이홍장 이상투자그룹 수석 전문가
SFA반도체 3,295원.
100만 원 매도 주문합니다.

허영만
SFA반도체
305주 매도 주문.

SFA반도체
305주 3,295원에 매도 체결.
수익률 8.88%

 최준철 브이아이피자산운용 대표
현금 얼마 남아 있나요?

허영만
당일 현금 82만 2610원,
D+2 현금 39만 2567원 남아 있습니다.

 최준철 브이아이피자산운용 대표
메리츠화재
2만 500원에 15주 매수.

허영만
주문.

허영만
체결.

 박동규 두나무증권 분석가 팀
넷마블
12만 4000원에 3주 매수.

허영만
주문.

허영만
체결.

2019년 6월 26일 (수)

 이홍장 이상투자그룹 수석 전문가
로보티즈 1만 7200원에
100만 원 매도.

이홍장 이상투자그룹 수석 전문가

풍국주정 2만 1300원에
100만 원 매수.

허영만

로보티즈 59주
매도 주문.

풍국주정 47주
체결 평균가 2만 1100원
매수 체결.

2019년 6월 27일 (목)

 이홍장 이상투자그룹 수석 전문가

풍국주정
2만 3000원 전량 매도.

올라옵니다.

2만 3300원 전량 매도.

이홍장 이상투자그룹 수석 전문가

지금 빠르게 움직이므로

잠시

VI 들어갑니다.

VI 발동.

허영만

얼마에 매도할까요??

 이홍장 이상투자그룹 수석 전문가

잠시만요.
VI 발동했으니까.
2만 3950원에 절반 매도.
지금 걸어놓으세요.

허영만

23주로 매도 걸어났습니다.

체결됐습니다.
풍국주정 수익률 13.16%

수익률을 보너스지
곱하면
안돼지

Sfa발동쳐 수익률
8.88%
풍국주정 수익률 13.20%
우와 ~~

 이홍장 이상투자그룹 수석 전문가

나머지 절반은 2만 3800원 매도.

허영만

나머지 24주 체결.
수익률 12.45%

수익 쑥쑥~
고마워요.

 이홍장 이상투자그룹 수석 전문가

로보티즈 1만 7500원
100만 원 매도합니다.

모비스 3,025원
전량 매도합니다.

허영만

로보티즈 58주 매도 체결.
수익률 -9.52%

모비스 전량 매도 체결.
수익률 -2.56%

 박동규 두나무증권 분석가 팀

안녕하세요? 포스코인터내셔널
1만 8450원에 15주
매수 주문 부탁드려요.

허영만

주문.

아~ 체결은
다음 주로 넘어가나요?

 허영만

한국콜마 50만 원
시가.

신라젠 100만 원
시가.

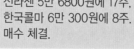

허영만

신라젠 5만 6800원에 17주,
한국콜마 6만 300원에 8주.
매수 체결.

12화

부자가 꿈입니다!

어떻게 이 바닥에
들어오셨는지
과거 얘기 좀 해주세요.

저는 26살에 공군 입대해서
28살에 결혼을 했어요.
병장 제대하기 전에요.

28살에 결혼?
그것도 공군 병장이?
뭐가 급해서?

저의 집도
불교 집안이고
아내 집도
불교 집안이었는데

불교에서는
아홉수가 불길하다고
29살 2월에 제대하고
결혼한다니깐
안 된다는 거예요.

28살에 결혼 못 하면
29살 한 해는 꼬박 넘겨야 하는데
그러고 싶지는 않았던 거죠.

공군 병장 말년 휴가 겸
처가댁 친척들과 상견례를 했다.

그 자리에 참석한 친척 아저씨께서 술을 권하면서

그래,
어느 회사
다니나?

!

저 군인입니다.

아! 장교인가 보군.
대위? 중위?

병장입니다.

워… 월급은?

12,000원입니다.

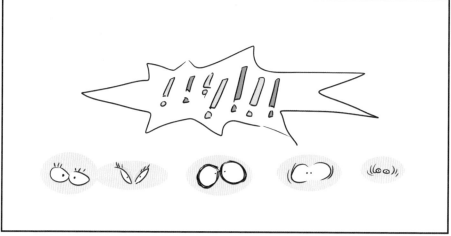

사돈댁이
부자인가 보지?

험!

험!

이정윤은 어렸을 때부터
부자가 되는 것이 꿈이었다.

구체적으로 미래의 꿈이
대통령, 연예인, 선생님, 만화가 등이 아니고 그냥 부자.

집안이 부자도 아니었고,
의대나 법대를 나와서 미래가 확실한 것도 아니었다.

부자가 되기 위한 첫 번째 구체적 시도는
겜블러가 되는 것이었다.

타짜의 고니

아무것도 가지지 않은 자가
빨리 돈을 벌 수 있는 방법은 도박이었다.

100만 원 가지고
1억 벌면 부자 되는 거지.

1억 가지고 100억 벌면
부자 되는 거지.

고등학교, 대학교 때
〈타짜〉 만화, 영화를
수십 번 봤어요. 흐흐~

하하~

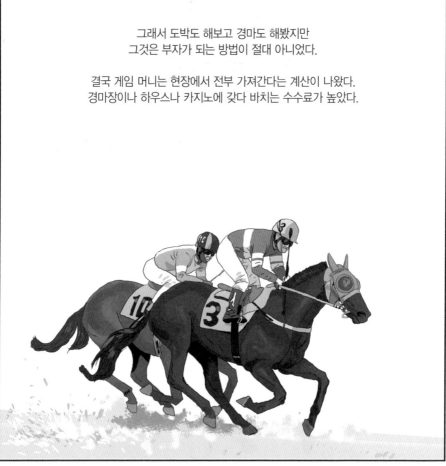

그래서 도박도 해보고 경마도 해봤지만
그것은 부자가 되는 방법이 절대 아니었다.

결국 게임 머니는 현장에서 전부 가져간다는 계산이 나왔다.
경마장이나 하우스나 카지노에 갖다 바치는 수수료가 높았다.

당시 주식은 0.4% 정도 거래세를 냈어야 했는데
다른 도박에 비하면 무척 양호했다.

주식은 테이블 머니에서
삥 뜯어 가는 것이
아주 조금인데….

대학교 때와 군대 근무 때 집중적으로 공부했다.

주식 공부를 제대로 하면
큰돈을 벌 수 있겠다.

당번 서아저기!

군대에서 복무하는 동안 모은 돈 100만 원 정도로
주식 계좌를 트고 거래하기 시작했다.

이 병장
어디 갔어?

또 전화하고
있어요.

예, 그거 시세대로
30주 사주세요.

군대에서 행정병이었기 때문에 신문 구독이 가능했다.
96년, 97년, 98년 군 복무 동안 군대에서 IMF를 겪었다.

여지없이
IMF 얘기가
나오는구나.

지금 밖에는
난리들 났어.
IMF 때문에
경제 상태가
엉망이야.

주가는 매일매일
폭락하고
회사는 맥없이
쓰러지고…. 어휴~

제대하기 겁난다.

이정윤은 99년 2월에 제대했다.

이젠 매일 같이 자자!

자기야!

주식으로 20년 동안 잘해왔는데
남들이 비결이 뭐냐고 물으면
'투자를 시작할 때 운이 좋았고,
그 운을 노력으로 잘 지켜냈다'고 말합니다.

98년에 IMF가 끝나고
99년은 주가가 팍팍 뛰어오르던 때였다.

저는 경영학을 전공했고,
주식을 공부해서
제대 후 99년, 2000년 2년 동안
제 친구들이 한 달에 200만 원 월급 받을 때
저는 주식으로 한 달에 5000만 원 벌었거든요.

김대중 대통령은 임기를 시작하면서
경제정책을 최우선으로 펼쳐나갔다.

그때 코스닥 시장이 열렸다.

40대, 50대 투자자들은 코스닥을 무시했다.

젊은이들은
500만 원, 1000만 원 가지고
10억, 20억 벌었대.

흥! 도박하는 거야.
얼마나 가겠어?

벤처 열풍이 불었다.
나이 든 투자자들은 벤처를 쳐다보지도 않았다.

그러나 벤처 투자 종목들에서 수익이 많이 생겼다.
이제는 나이 든 투자자들도 인정하지 않을 수 없었다.

우리를 하늘 같이 보던
젊은이들이
한참 위에서 놀고 있구만.

하이고~

2019년 7월 1일 (월)

이홍장 이상투자그룹 수석 전문가

SFA반도체 3,000원
전량 매도입니다

허영만

SFA반도체
체결 평균가 3,017원에 전량 189주
매도 체결됐습니다.
수익률 0.78%

이홍장 이상투자그룹 수석 전문가

디알텍 1,960원
100만 원 매수 주문 넣어두세요.

허영만

510주 주문 넣었습니다.

디알텍 1,960원에
510주 매수 체결됐습니다.

최준철 브이아이피자산운용 대표

SK머티리얼즈
15만 6000원에 3주 매도.

현금 비중이 넘 없어서
바닥에서 샀던 물량만 덜어냅니다.

허영만

주문 넣었습니다.

허영만

신라젠과 한국콜마
다행히 어제 트럼프 영향으로 상승하는 중….
휴우~

허영만

일어나라 하웅!!

하웅

조금만 더 숙고하겠습니다. ㅜㅜ

2019년 7월 2일 (화)

이홍장 이상투자그룹 수석 전문가

에이디칩스 전량 2,000원에
매도 주문 넣어두세요.

8시 50분 동시호가 때
주문 넣으면 됩니다.

허영만

주문 넣었습니다.

이홍장 이상투자그룹 수석 전문가

일본이 한국의 반도체 관련 소재 수출을
규제한다고 발표하면서
반도체 주가가 많이 내려가는
돌발 악재가 발표되었습니다.

따라서 에이디칩스를
전량 매도합니다.
꾸준한 상승 흐름을 보였던 에이디칩스인데
참으로 안타깝습니다.

이런꼴 안보려면
국력을 키워야
돼서

 이홍장 이상투자그룹 수석 전문가

에이디칩스 1,965원으로
매도가 변경합니다.

허영만

정정 주문 넣었습니다.

에이디칩스 1,965원에
440주 전량 매도 체결됐습니다.
수익률 −13.68%

 최준철 브이아이피자산운용 대표

어제 SK머티리얼즈 안 팔렸죠?
다시 내주세요.
SK머티리얼즈 15만 7000원에
3주 매도.

허영만

주문 넣었습니다.

 박태우 두나무투자일임 전략 팀장

Kodex200 40주,
2만 7725원 전량 매도.

허영만

체결 평균가 2만 7730원에
전량 매도됐습니다.

 이홍장 이상투자그룹 수석 전문가

국보, 종가 베팅합니다.
100만 원 매수합니다.
5,250원에 주문 넣으면
종가로 체결됩니.

허영만

190주
주문 넣었습니다.

 이홍장 이상투자그룹 수석 전문가

아, 5,260원으로
올라서 끝났네요.

체결이 안 되었을 것입니다.

내일 다시 공략하겠습니다.

2019년 7월 3일 (수)

이홍장 이상투자그룹 수석 전문가

국보,
어제 동시호가에서
못 잡았는데 급등하네요.

1호가 차이로 체결 안 되었는데
동시호가 때는 매수가 체결 현황을
알 수 없기 때문에 10호가 정도 위에다가
매수 주문 넣어야 체결될 확률이 높은데
진짜 아깝네요.

종가 베팅은 꼭 매수해야겠습니다.

이홍장 이상투자그룹 수석 전문가

링크제니시스
9,200원에 100만 원 매수합니다.

허영만

108주 주문 넣었습니다.

이홍장 이상투자그룹 수석 전문가

링크제니시스 많이 올라가네요.
9,360원에 매수 주문 넣습니다.

신송홀딩스
5,900원에 100만 원
매수 주문합니다.

허영만

링크제니시스 9,360원에
106주 매수 주문,
신송홀딩스 5,900원에
169주 매수 주문했습니다.

이홍장 이상투자그룹 수석 전문가

링크제니시스
매수 취소합니다.

허영만

링크제니시스
매수 취소했습니다.

신송홀딩스
매수 체결됐습니다.

 박상건 두나무투자일임 운용 실장

수고하셨습니다.

 허영만

신라젠, 한국 콜마
시장가 손절.

허영만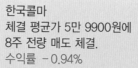

한국콜마
체결 평균가 5만 9900원에
8주 전량 매도 체결.
수익률 -0.94%

신라젠
체결 평균가 4만 8900원에
17주 전량 매도 체결.
수익률 -14.15%로 손절매됐습니다.

 허영만

신라젠 땀시 폭망.

 최준철 브이아이피자산운용 대표

롯데제과 17만 2000원에
잔여분 3주 매도.

허영만

롯데제과
체결 평균가 17만 2000원에
3주 전량 매도 체결됐습니다.
수익률 7.21%

 최준철 브이아이피자산운용 대표

매일유업 8만 3200원에 5주 매수.

허영만

주문 넣었습니다.

최준철 브이아이피자산운용 대표

SK머티리얼즈 15만 4000원에
3주 매도.

허영만

주문 넣었습니다.

SK머티리얼즈 15만 4000원에
3주 매도 체결됐습니다.
수익률 3.81%

매일유업
체결 평균가 8만 3200원
3주 매수 체결됐습니다.

최준철 브이아이피자산운용 대표

메리츠화재 1만 9650원에 20주 매수.

허영만

메리츠화재
체결 평균가 1만 9650원에
20주 매수 체결됐습니다.

최준철 브이아이피자산운용 대표

현금 얼마나 남아 있나요?

허영만

당일 현금 8만 5037원,
D+2현금 25만 1415원 있습니다.

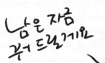

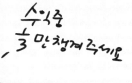

최준철 브이아이피자산운용 대표
ㅋㅋ 아닙니다.
자꾸 빌리면 버릇됩니다.

 최준철 브이아이피자산운용 대표
매일유업 8만 2800원에
3주 매수.

허영만
증거금 부족으로 2주밖에
구매할 수 없다고 나옵니다.

 최준철 브이아이피자산운용 대표
2주 매수해주세요.

허영만
주문 넣었습니다.

2019년 7월 4일 (목)

 박동규 두나무증권 분석가 팀
한솔홀딩스 시초가에
55주 매수 부탁드립니다.

허영만
시장가로 매수 주문했습니다.

한솔홀딩스
체결 평균가 5,080원에
55주 매수 체결됐습니다.

박동규 두나무증권 분석가 팀

감사합니다.

한솔홀딩스
전량 5,400원에
매도 부탁드려요.

허영만

주문 넣었습니다.

 이홍장 이상투자그룹 수석 전문가

오픈베이스 3,150원,
100만 원 매수합니다.

허영만

주문 넣었습니다.

 이홍장 이상투자그룹 수석 전문가

오픈베이스 체결되었나요?

허영만

넵. 오픈베이스
317주 3,150원에
매수 체결됐습니다.

 이홍장 이상투자그룹 수석 전문가

수고하셨습니다.

올라가네요. ㅎ

 이홍장 이상투자그룹 수석 전문가

오픈베이스
3,250원에 전량 매도합니다.

오늘 지수가 하락하니까
종목들이 오르다가
힘이 없네요.

허영만

주문 넣었습니다.

허영만

오픈베이스
317주 3,250원에
전량 매도 체결됐습니다.
수익률 2.89%

어떤 묘목이
재목이 될까?

그걸 알면
100단이여

 박태우 두나무투자일임 전략 팀장

지어소프트 7,600원에
전량 89주 매도 주문 드립니다.

지금 좀 더 오르고 있는데,
7,600원 위에서만
체결해주시면 됩니다~

허영만

7,600원에
매도 체결됐습니다.
수익률 1.61%

 박태우 두나무투자일임 전략 팀장

진즉 정리하려다
급등해서 우물쭈물했더니
결국 똔똔이군요. ㅎ

13화

"아빠 뭐하셔?"

1999년, 2000년 장은
30배 수익, 50배 수익도 나왔으니까
요즘 '두 배 먹었네' 하는 정도는
크게 안 느껴져요.

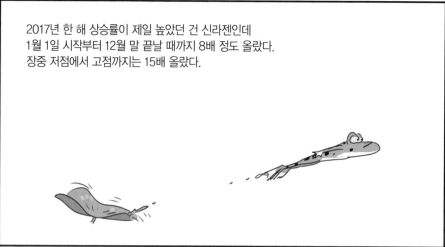

2017년 한 해 상승률이 제일 높았던 건 신라젠인데
1월 1일 시작부터 12월 말 끝날 때까지 8배 정도 올랐다.
장중 저점에서 고점까지는 15배 올랐다.

피터 린치(Peter Lynch)가
말하는 텐 배거(Ten Bagger),
즉 10배짜리 종목이 우리나라에서
많이 나오지 않거든요.

2017년에는 10배 오른 종목은 없었고,
2018년에도 없었어요.
올해는 어떻게 될지 두고 봐야겠죠.

1999년, 2000년에
얼마나 수익이 있었죠?

수십억 벌었는데
지금으로 따지면
100억 정도 번 거죠.

서울에서 살다가
아버지 사업 부진으로
지방으로 이사를 가서 살게 되었어요.
거기서 군대도 갔고 결혼도 했죠.

와이프한테
결혼반지는 사주셨어요?

그럴 리가요!

세상에 딱 불알 두 쪽인 남자한테
시집온 부인이 대단하시네요.

와이프가 그러더라고요.
그때 벤처 붐이 일었는데,
자기는 나를 벤처기업으로
생각하고 결혼했답니다.

하하!
투자 제대로 하셨네요!

저랑 결혼하면
억울하지 않고
손해 보지 않고
살 것 같았답니다.

선구안이 있으셔.

내 마누라는 결혼 전에
내 뒷조사 다 했어요.
만화 친구들한테
'허영만이 어떤 사람이냐'라든지
대본소 가서
'허영만 만화 잘 팔리냐'는 등….

그런 분이 주식해야
합니다. ㅎㅎ

딱히 부자가 되고 싶은 이유가 있었어요?

아주 가난한 집안은
아니었지만 그렇다고
하고 싶은걸
다 할 수 있는
집안은 아니었어요.

부자가 되고 싶었던 이유는
내가 하고 싶은 걸 하고
싶어서였습니다.

어려서 태권도, 피아노, 테니스, 수영을 하는
또래 아이들이 무척 부러웠어요.
커서는 부모 덕으로
해외 유학 가는 사람들이 부러웠고요.

이제는 여유가 있으니까
그때 못한 취미 생활을
하고 있습니다.

아이스하키, 테니스,
보드도 정식으로 배웠고
경희대학교 와인 석사과정을
이수했습니다.

20대 후반, 결혼생활을
지방의 작은 13평 전셋집에서 시작해서
주식 시작한 지 2년 만에
강남에 30평대 아파트로 이사했지요.
그때를 생각하면 지금도 너무 기분이 좋네요.
3~4년 동안 돈 버는 재미가 너무 좋았어요.

그러더니 돈 버는 재미도 시들해졌다.

장이 예전 같지 않아서
많이 벌지 못했던 것도 원인이었다.

부자가 아니어서 못했던 것 중
하나를 하기로 했다.
해외 유학.

돈 버는 일을 멈추고 2002년도에 캐나다로 유학을 갔다.

돈을 너무 쉽게 벌어서
거만했던 겁니다.

'돈 그거 아무 때나
또 벌면 되지.'
뭐 그런 거….

그 나이에 큰돈을 벌면
다 그렇게 될 겁니다.

캐나다에서 2년을 보내다 2004년에 귀국했다.

공부는 계속하지 못하고 돌아왔지만 소득은 있었다.
세 식구가 네 식구로 됐으니까.

저는 항상 밑지고는
못 삽니다. ㅎㅎ

귀국해서 고민을 했다.

주식투자 기술은 있고
돈도 있으니까 전업 투자자로 살까?

아직 젊으니까
제도권에 들어갈까?

제도권에 들어가면
뭐가 달라지죠?

40, 50대 될 때까지
제도권 투자 회사의
펀드매니저로 성공해서
직원을 두고
사장을 하고 이런 거죠.

다른 사람들이
우리 아이들에게
아빠 직업이 뭐냐고 물을 때
'주식 투자해요'보다는
'○○ 회사 사장이에요'라고
하는 것이 더 낫다고
그 당시는 생각했었던 거 같아요.

타이틀의 필요성이네요.

학교에서

네 아빠 뭐하셔?

울 아빠 주식 투자가야.
100억 벌었어.

아이들이 100억의 규모를 알 리 없다.

그걸로 아파트
몇 채 살 수 있어?

몰라.

학부모 모임이나 아파트 모임에서
이런 얘기가 나올 것이 뻔했다.

집에서 컴퓨터
앞에 앉아 주식한대.

어머, 출근 안 하셔?
부인이 힘들겠다.

이런 문제들은 시간이 지나면
해결되는 문제들이라 무시할 수 있었지만,
우선 가족에게 당당하고 싶었다.

그래, 내가 경영학과 출신이니까
세무사 공부를 하자!

곧 세무사 자격증을 따서
세무사 사무실을 내고 세무사 일을 했다.

신림동에서 세무사 공부를 열심히 할 때
같이 공부하던 후배들은 고개를 갸우뚱했다.

형은 주식해서
돈 많이 벌었다면서
이 공부 왜 해요?

다 까먹었어요?

세무사 돼서 열심히 해봐야
1년에 1억 정도 버는 걸
돈 많은 사람이 왜 고생하느냐는
당연한 질문이었다.

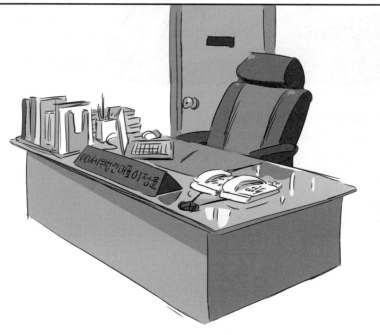

사실 의도한 바가 있었다.
세무사 사무실 내 방에서
주식투자를 하고 있었다.

남들이 보기에는 세무 업무가 주업이고
주식투자는 부업이었다.

그러나 내 주업은 주식이었다.

3시에 장이 끝나면
테니스 하러 가고 수영하고….
이런 생활을 10년간 계속했다.

대체로 경제적으로
무난하게 왔군요.

그런데 가끔 불안합니다.

이런 거 있잖아요.
'어렸을 때
놀지 않은 사람은
언젠가는 놀게 되어 있다.'

'총량 불변의 법칙' 이런 거요.

언젠가는 놀고,
언젠가는 술 마시고,
언젠가는 방황하고….
할 짓은 꼭 다 한다 이거죠.

그렇게 따지면
저는 총량 운이 좋았어요.
그래서 가끔
걱정이 됩니다.
한 번은 깨질 수 있다는….

이정윤 대표가 존경하는 외국인 투자자는
제시 리버모어(Jesse Livermore)다.

추세 매매의 창시자이며,
지금도 성공한 투자자들에게 전설의 투자자로 꼽히지만,
리버모어의 일생을 보면 세 번 파산을 했고,
마지막에는 권총 자살로 생을 마감했다.

저는 제시 리버모어의 추세 매매에서
수익을 만들었다면,
제시 리버모어의 인생에서
주식투자의 위험을 보고 배웠습니다.
수익도 중요하지만
위험관리도 매우 중요한 것이라는
사실을요.

2019년 7월 8일 (월)

허영만

하웅 씨 꿈쩍 않는 이유 알아요?
이유가 있을 텐데….

최준철 브이아이피자산운용 대표

최근에 통화했는데,

매매할 시기가 아니라고 보는 거 같습니다
(오늘 장을 보면 맞는 판단이네요).
그리고 좀 더 길게 볼 만한 종목을
찾고 있는 듯도 하구요.

허영만

아~

박태우 두나무투자일임 전략 팀장

KODEX코스닥150 100주 1만 240원에
전량 매도 주문 드립니다.

일본의 수출규제 여파가
꽤 클 것 같습니다.

한국 경제는 수출 중심 구조이기 때문에
고환율이 유리한 점이 있습니다.

어떠한 이유로
원달러 환율이 상승하면(원화가 평가절하되면)
원가 경쟁력을 바탕으로
수출 호조로 이어지고, 경상수지가 개선되며,
원화 가치가 재차 상승하여
본래 자리로 회귀하는 경향이 있습니다.

그런데 일본이 한국의 핵심 수출 품목에 대한
필수 재료 수출에 제재를 가한 바람에
이 메커니즘이 위협받을 수 있어서
환율도 좀 불안하네요.

당분간 몸 좀 사려야 하지 않을까 싶어요.

허영만

KODEX코스닥150
100주, 1만 240원에
전량 매도 체결됐습니다.
수익률 −5.86%

 박태우 두나무투자일임 전략 팀장

속이 쓰리군요….ㅎ 감사합니다.

튀어 나온 내X빼
가라 앉듯 손절이서

2019년 7월 9일 (화)

이홍장 이상투자그룹 수석 전문가

마이크로프랜드
5,480원, 100만 원 매수.

허영만

182주
체결됐습니다.

이홍장 이상투자그룹 수석 전문가

네, 수고하셨습니다.

2019년 7월 10일 (수)

가만있어도
– 자문단 중
수익랭킹 2위

그뒤 추락
수익랭킹 4위

아
아
아
아

허영만

파크시스템스 시가
100만 원 매수.

허영만

파크시스템스
체결 평균가 3만 6472원으로
27주 매수 체결됐습니다.

2019년 7월 9일 (화)

 이홍장 이상투자그룹 수석 전문가

마이크로프랜드
5,450원 전량 매도 주문
걸어놓으세요.

시가가 낮게 출발해서
매도하고 다시 공략 자리 보겠습니다.

허영만

죄송합니다….
지금 당장 매도는 힘들 것 같습니다.

 이홍장 이상투자그룹 수석 전문가

네, 천천히 하세요.
다행히 올라갑니다.

지금 좀 올랐는데
얼마에 매도할까요??

 이홍장 이상투자그룹 수석 전문가

좀 더 지켜보겠습니다.

허영만

넵, 알겠습니다.

 이홍장 이상투자그룹 수석 전문가

오전 시가가 낮게 출발하는 듯하더니
속임수였습니다.

딱 전일 고점까지 찍었는데
5,620원 돌파를 지켜보겠습니다.

 이홍장 이상투자그룹 수석 전문가

마이크로프랜드
5,750원 전량 매도 걸어놓습니다.

허영만

주문 넣었습니다.

마이크로프랜드
182주 5,750원에
전량 매도 주문체결됐습니다.
수익률 4.64%

 이홍장 이상투자그룹 수석 전문가

네, 수고하셨습니다.

 박태우 두나무투자일임 전략 팀장

KODEX 200선물인버스2X
7,445원 130주 매수.

허영만

파생 상품 위험 고지 등록 후
매수가 가능하다는데
어떤 건지 알 수 있을까요?

박태우 두나무투자일임 전략 팀장

> 파생 상품의 경우,
> 변동성이 높은 경우가 많아서
> 추가적인 위험 고지가 필요한가 봅니다.
> 보통 ETF®형태는 그런 경우가
> 별로 없긴 한데 특이하군요.

> 제가 지금 주문한 종목은
> 중소형 종목에 비해
> 변동성이 딱히 더 크진 않습니다.

> 제가 지금 주문한 ETF 종목은,
> 코스피200이라는 선물 시장 흐름의
> 반대로 움직입니다.

> ● ETF(Exchange Traded Fund)
> 상장 지수 펀드. 금, 원유, 바이오 등
> 과 같은 특정 자산 가격, 즉 특정 지
> 수의 움직임에 따라 수익률이 연계되
> 도록 한 금융 상품. 종목 묶음으로 거
> 래소에 상장되어 주식처럼 편하게 매
> 매할 수 있다.

허영만

> 등록 후 주문이 가능하다는 건
> 홈페이지에서 하는 거겠죠?

 박태우 두나무투자일임 전략 팀장

> 오늘 새벽 미국 연방준비제도
> 제롬 파월(Jerome Powell) 의장의 코멘트가
> 7월 금리 인하를 시사해서
> 주가가 오르고 있는데
> 결국 다시 하락 압력을 받지 않을까 합니다.

> 보통 HTS상에서 안내되는 경우가 많은데
> 그 부분은 증권사별로 차이가 있어서
> 확인이 필요할 거 같네요.

허영만

> 한번 삼성증권 직원분께
> 물어보겠습니다….

허영만

> 해결됐습니다. 매수할까요?

 박태우 두나무투자일임 전략 팀장

> 내일 상황 봐서 다시 말씀드릴게요!

박태우 두나무투자일임 전략 팀장

KODEX 200선물인버스2X
7,440원 130주 매수해주세요.

허영만

주문 넣었습니다.

선물까지
영역을 넓히는중

아 미스김
흑흑

 박태우 두나무투자일임 전략 팀장

7,470원 밑에서는
시가 매수하셔도 관계없습니다.

허영만

시장가 매수로 정정할까요?

 네.

허영만

KODEX 200선물인버스2X
체결 평균가 7,450원으로
130주 매수 체결됐습니다.

 감사합니다.

이홍장 이상투자그룹 수석 전문가

다음 주 관심 종목입니다.
최근 급등했던 종목들을 살펴보면,

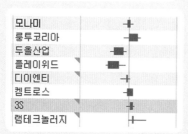

일목 균형표 기준선과 중심 기준선 자리에 오면
반등이 나올 종목들입니다.

모나미 차트입니다. 오늘 오전에 모나미가
표시된 부분에 오면 매수 자리였는데
다음 주 월요일에 오면 매수 찬스입니다.

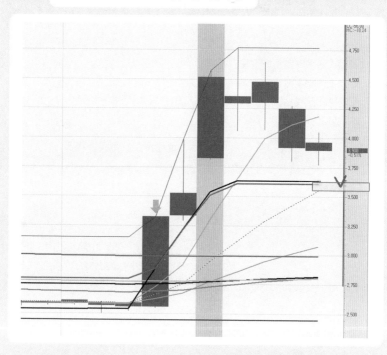

이홍장 이상투자그룹 수석 전문가

두올산업 차트입니다.

역시 표시된 부분이
'중심선 + 기준선' 자리이고,
고점 대비 딱 30% 떨어진 자리입니다.

이 자리에 오면 매수 찬스입니다.

미리 관심 종목으로 해놓으면
매수할 때 빨리 대응할 수 있어서
좋을 것 같습니다.

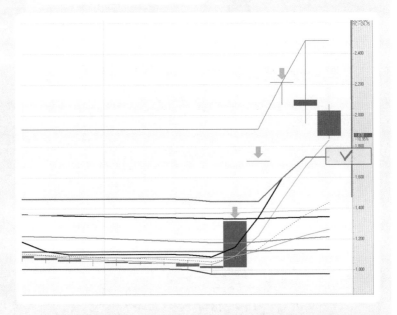

허영만

아하! 알겠습니다

이홍장 이상투자그룹 수석 전문가

상한가 하단 관심 종목입니다.

이더블유케이입니다.

이홍장 이상투자그룹 수석 전문가

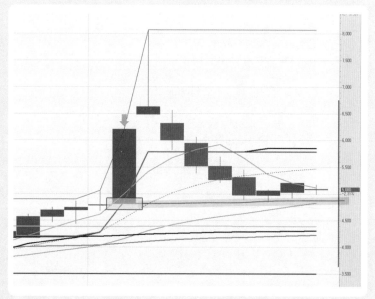

오늘 오후 장 공략 종목으로 보고 있는데
금요일이라서 주말 보내고
월요일에 해도 좋을 것 같습니다.

관심 종목에 넣어 두고 사인 드리겠습니다.

14화

무조건 살아남아야 합니다

가끔 강의 나갈 때 보면
주식투자를 너무 쉽게 생각하는 분들이 정말 많아요.

여윳돈이 10억이라면
1000만 원, 1억은 부담 없이 할 수 있다.
허나 재산이 5억인데
5억을 통째 들고나와서 쉽게 하면 안 된다.

콩

죽느냐!
사느냐!

뒤에 가족이 있다.

그돈 반씩
나누자!

아빠
죽으려거든
혼자죽어

5억

내가 아는
전문 투자가가 둘 있는데
한 사람은 7억,
한 사람은 3억으로
매매를 한대요.

수익이 넘치는 걸
그대로 두면 7억이
8억, 9억 될 텐데
그 액수만 유지하고
넘치는 것은 빼낸대요.

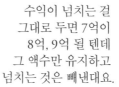

'그렇게 유지해야지
구멍이 생기더라도
크게 생기지 않는다.
내가 꾸려가기
가장 좋은 규모가
이 정도다.'

라고 말하는데
맞는 얘기인가요?

그것은 투자 스타일이나 위험도에 따라
완전히 답이 달라집니다.

우리가 고스톱 칠 때
'쓰리고' 할 수 있는 패인데도
약간의 위험이 존재하면
'원고'나 '투고'에서
스톱하는 스타일이 있고,

100% 독박인데도
'쓰리고' 가는
스타일이 있어요.

나는 어떤 스타일인가?

첫 번째는
지속적인 수익을
얻기 위한 유형이고,

두 번째는 한방에
끝을 보겠다는
유형입니다.

나는 첫번째와
두번째를 섞은
혼합형 스타일

다시 말하면
분산투자냐 집중투자냐로
나눌 수 있습니다.

그 사람들은
분산투자한대요.

재무 관련해서 위험 인수자와 위험 회피자가 있는데
이 경우는 전적으로 위험 회피자다.

종목도 완전 분산투자이고
넘치는 금액은 덜어내니까
좋은 투자 전략이지만
수익률 측면에서 보면 높지 않다.

위험률이 높을수록
수익률도 높아진다.

선생님, 그쪽은
물웅덩이가 있는데요.

위험한 장사가
마진이 높은 법.

잘라 가는 것보다
바로 때려서 올리기만 하면
오늘 장사 끝이야.

고우영 선생님
골프와 정화를 너무나
사랑하셨던 봄

제가 주식투자 초보 시절에
큰 수익을 올렸던 것은
신용까지 써가며
집중투자를 했기 때문이었어요.

저의 공격적인 성향이
상승 장과 맞아 떨어진 거죠.

만약 그때 '돈을 늘리면 안 돼',
'10종목으로 나눠 들어가야 돼'라고 했더라면
많이 벌어봐야 1억 정도 벌었을 것이다.

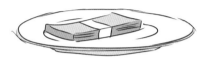

이 문제는,
자신의 운용 금액, 투자 스타일, 나이, 목표 등
여러 가지를 분석해보면
케이스 바이 케이스다.

정답은 없다.

초기 2년 동안에 많은
돈을 벌었는데
그 돈을 지키는 것도
문제였겠네요.

20년 동안
잘 지키고 있습니까?

사실 주식투자에서
제일 중요한 것은
살아남기입니다.

사실 죽으면
그만이잖아요.

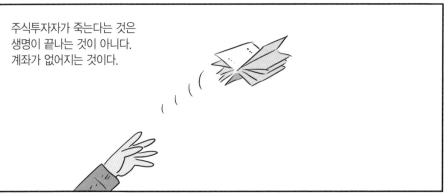

주식투자자가 죽는다는 것은
생명이 끝나는 것이 아니다.
계좌가 없어지는 것이다.

계좌의 금액이 오르내림은 있겠지만
장기간 그 계좌를 유지하고 있다면 살아있는 것이다.

지금은 세무사 일을 접고 주식투자에 집중하고 있다.
초기에 만든 수익도 잘 지키고 있다.
이정윤 대표는 살아있는 것이다.

이정윤 대표는 그때 번 돈을
여지껏 지키고 있는 이유를 이렇게 말한다.

본능적으로 위험을 느끼는 감이 있고,
학습으로 위험을 피하는 방법을 배워나갔기
때문이죠.

주식투자자가 1년 만에 돈을 좀 벌고서
스스로 성공했다고 생각하는 것은 매우 위험하다.

상승 장과 하락 장의 싸이클을 겪어야 하는데,
적어도 수년이 걸리기 때문이다.

2017년 1년 동안
세계 경기가 살아나면서
장이 참 좋았죠.

그때 코스피 지수가 3,000포인트
간다고 다들 흥분했었지요.
주식 초보자들도 아무거나 사면
오르고 했고요.

주식 초보자들 중에도 그 1년 사이에
두 배, 세 배 번 사람도 있었다.

주식해서 수익이 나면
내가 잘했다고 자만한다.

이러다가 하락 장 맞으면
3억 올랐던 것이 2억 빠지고 1억만 남는데
본전은 3억이라고 생각한다.

아까 70만 원까지 땄었으니까
본전이 70만 원이지 인마!
계산도 못 하냐?

그리고 원금까지 축이 나면
세상 욕하지
자신을 욕하는 사람은 없다.

초년의 수익은
운이 좋았다고 말했는데
그 운은 아직도 존재해요?

이제는 운에 기대지 않는다.
초기에 성공한 뒤 곧바로 이런 생각을 했다.

공부를 열심히 해서
번 돈을 지켜야지!

원칙을 세우기 위해서
차트 공부도 하고 서적을 많이 읽었다.

상승 장이 크면
하락 장도 온다.

그때는 어떻게
할 것인가.

2000년 밀레니엄 파동…
노무현 전 대통령 탄핵 위기…
2008년 세계 금융 위기….

주식이 언제든지
반토막 날 수 있는 위기가
여럿 있었지만 잘 버텨냈다.

이 대표는
몇 퍼센트 정도의
수익률을 생각하죠?

목표 수익률이
상당히 낮아졌습니다.

제 경험상 수익률은
투자 금액에 따라
달라지는 것 같아요.

100만 원짜리 계좌가 있다면
한 달에 두 배 수익은 아닐지라도
40% 정도 수익은 올릴 수 있습니다.

40% 씩이나!

굉장히 많은
기회가 있거든요.

100만 원으로
상장된 주식 2,000종목
어느 종목도 살 수 있습니다.
관리 종목도 살 수 있고
스펙 종목도 살 수 있어요.
빠른 시간 안에 팔 수도 있지요.
제약 조건이 거의 없습니다.

그러나 100억으로 주식투자를 한다면
문제가 생긴다.

100억 원어치를 사려면
며칠 동안 주가를 올리면서 살 수밖에 없고,
100억 주식을 팔려고 하면
내리면서 팔 수밖에 없다.

100만 원으로는 어떤 종목도 살 수 있다.
100억이면 살 수 있는 종목이 100종목 남짓이다.

이런 걸 고려해서
1년 목표 수익률을
30%로 잡고 있습니다.

목표 수익률이니까요.

달성 못 할 때도 있고
넘칠 때도 있는 거죠.

목표 수익률을 10%로
잡을 거면 주식투자 안 하죠.

그 정도 목표 수익률 얘기하는
자산운용사가 많은데
규모가 다르네요.

10억 투자하고 1년에 5000만 원,
즉 한 달에 400만 원 생긴다면
누구도 식당 차리지 않을 것이다.
품값도 나오지 않는다.
내야 할 세금은 하늘에서 떨어지지 않는다.

더구나 융자까지 받아서 투자했다면
계산이 나오지 않는다.

그렇다면 답은 주식투자인가?

2019년 7월 15일(월)

하웅

화백님, 〈백반기행〉 잘 보고 있습니다.^^
엔씨소프트
조만간 시세 분출할 거라 예상되는 바,
조만간 일부 정리 후,
다른 매매 패턴 이어가겠습니다.
조금만 기다려주세요~~~^^

허영만

ㅇㅋ♥♥♥

 최준철 브이아이피자산운용 대표

SK머티리얼즈
16만 4700원에 3주 매도.

허영만

주문하려는 순간 올라가는데
가격 바꿀까요??

최준철 브이아이피자산운용 대표

네, 현재가에 매도하세요.

허영만

SK머티리얼즈
체결 평균가 16만 5800원에
3주 매도 체결됐습니다.
수익률 11.77%

최준철 브이아이피자산운용 대표

감사합니다. 4주 남았네요.

허영만

최 대표가 단타도 도사시네.♥

최준철 브이아이피자산운용 대표

저는 주로 더 오른 걸 팔고,
더 빠진 걸 삽니다.
현금 다시 생겼으니 뭘 추가로 쇼핑할지
고민해보겠습니다. (주식이 다 싸서리….)

이홍장 이상투자그룹 수석 전문가

일지테크
4,310원에 100만 원 매수 걸어두세요.

허영만

주문 넣었습니다.

 이홍장 이상투자그룹 수석 전문가

네, 단기 과열 구간으로
단일가 매매입니다.

30분마다 한 번씩 거래됩니다.

 이홍장 이상투자그룹 수석 전문가

일지테크
4,370원으로 정정합니다.

단일가로 움직여서
매수 호가를 높여서 체결시킵니다.

허영만

정정 주문 넣었습니다.

허영만

일지테크
체결 평균가 4,290원에
231주 매수 체결됐습니다.

 허영만

한스바이오메드
100만 매수.

 허영만

남은 돈, 한스바이오메드에 올인!!
매수.

한스바이오메드
체결 평균가 2만 3550원에
42주 매수 체결됐습니다.

허영만

남은 돈 없어?

허영만

318만 9015원 남아 있습니다.

허영만

아! 100만 원에 추가로
더 구매하시는 거였군요. ㅎㅎㅎㅎ

허영만

200만 원 한스바이오메드 매수.

허영만

남은 금액 싹쓸이
한스바이오메드 매수!!

허영만

앗, 현금을 제가 다른 걸로 봤네요.
200만 원어치 주문하고,
현재 22만 1715원 남아 있습니다.

허영만

똑바로 허자.
22만 원은 종잣돈으로 냄겨놔라.

허영만

한스바이오메드
체결 평균가 2만 3600원에
84주 매수 체결됐습니다.

2019년 7월 16일 (화)

박동규 두나무증권 분석가 팀

안녕하세요?
솔브레인 시초가에
5주 매수 가능할까요?

허영만

주문 넣었습니다.

허영만

체결 평균가
6만 7000원에 체결됐습니다.

박동규 두나무증권 분석가 팀

솔브레인 7만 500원에
매도 부탁드립니다.

허영만

주문 넣었습니다.

박동규 두나무증권 분석가 팀

제이콘텐트리
66주 4,520원에 매수 주문 부탁드립니다.

허영만

주문 넣었습니다.

최준철 브이아이피자산운용 대표

SK머티리얼즈
17만 3000원에 4주 매도.

허영만

SK머티리얼즈 주문 넣었습니다.

매일유업
증거금 부족으로
매수 불가입니다.

최준철 브이아이피자산운용 대표

매일유업은 SK머티리얼즈
매도되면 넣어주셔도 됩니다.

허영만

넵, 알겠습니다.

이홍장 이상투자그룹 수석 전문가

동진쎄미켐 1만 6600원
100만 원 매수.

허영만

주문 넣었습니다.

허영만

체결 평균가 1만 6600원에
60주 매수 체결됐습니다.

이홍장 이상투자그룹 수석 전문가

동진쎄미켐 1만 7200원
전량 매도합니다.

허영만

주문 넣었습니다.

이홍장 이상투자그룹 수석 전문가

1만 6700원 매도.

이홍장 이상투자그룹 수석 전문가

1만 6800원 매도
주문 넣습니다.

허영만

동진쎄미켐
체결 평균가 1만 6850에
매도 체결됐습니다.
수익률 1.23%

이홍장 이상투자그룹 수석 전문가

13%나 수익이 났었는데
고점에서 매도 못 했네요.

혹시 중간에 계좌를
보실 수 있나요?

111

허영만

컴퓨터를 두 대를 쓰면서
하나는 웹툰 채색용,
하나를 주식투자용으로 쓰고 있어서
계속 계좌를 볼 수는 없는 상황입니다….

이홍장 이상투자그룹 수석 전문가

네, 알겠습니다. 감사합니다.

2019년 7월 17일 (수)

박동규 두나무증권 분석가 팀

안녕하세요?
에프에스티 시초가로
45주 매수 부탁드립니다.

허영만

주문 넣었습니다.

박동규 두나무증권 분석가 팀

솔브레인 7만 원에
전량 매도 주문 부탁드려요~

허영만

주문 넣었습니다.

허영만

에프에스티
체결 평균가 4,500원에
45주 시초가로 매수 체결됐습니다.

박동규 두나무증권 분석가 팀

에프에스티 4,500원이에요??

허영만

아, 다른 분 주문이랑 헷갈렸네요.

8,500원입니다.

이홍장 이상투자그룹 수석 전문가

일지테크 4,500원
전량 매도합니다.

4,400원에
매도 걸어두세요.

빨리 움직이니까
4,400원 이상에서 매도하세요.

허영만

4,500원에 주문 넣었습니다.

이홍장 이상투자그룹 수석 전문가

아, 4,320원으로 정정합니다.

죄송합니다.
4,400원이라고 해야 하는데,
4,400원 이상이라고 에누리를 준 게
잘못된 것 같습니다.

4,320원 매도 주문 넣습니다.
정정합니다.

허영만

정정 주문 넣었습니다.

일지테크
체결 평균가 4,320원에
231주 전량 매도 체결됐습니다.
수익률 0.42%

2019년 7월 18일 (목)

 박동규 두나무증권 분석가 팀

솔브레인 7만 원에
전량 매도 주문 부탁드려요~

허영만

주문 넣었습니다.

 허영만

KT&G 시장가 매도 후,
남은 자금 보태서
한스바이오메드 시장가 매수.

허영만

남은 자금 다 써서요?

 허영만

응.

허영만

KT&G, 7주
체결 평균가 9만 8400원에
전량 매도 체결됐습니다.
수익률 −3.79%

허영만

한스바이오메드, 39주
체결 평균가 2만 50원
매수 체결됐습니다.

 허영만

2만 50원?

허영만

아, 잘못 봤습니다. 죄송합니다.

한스바이오메드
2만 3050원입니다.

 허영만

잘해라. 매수·매도 액수가
많지 않아서 그렇지, 큰일 난다.

허영만

넵, 알겠습니다.

 허영만

한스바이오메드 총 몇 주?

평균 매수가는?

허영만

총 364주,
평균 매수가 2만 4328원입니다.

 박동규 두나무증권 분석가 팀

안녕하세요~
솔브레인 8만 원에
매도 주문 부탁드립니다.

허영만

주문 넣었습니다.

2019년 7월 19일 (금)

박동규 두나무증권 분석가 팀

안녕하세요?
오늘 솔브레인 시초가에
매도 부탁드립니다.

허영만

주문 넣었습니다.

박동규 두나무증권 분석가 팀

유니켐 시초가에
200주 매수 부탁드립니다.

일찍부터 일 드려서 죄송해요.ㅠㅠ

허영만

주문 넣었습니다.

박동규 씨, 땡큐.

박동규 두나무증권 분석가 팀

감사해요~

허영만

솔브레인 5주,
체결 평균가 6만 3900원에
전량 매도 체결됐습니다.
수익률 −4.89%

유니켐 200주
체결 평균가 2,150원에
매수 체결됐습니다.

박태우 두나무투자일임 전략 팀장

안녕하세요~ 주문 드릴게요.

KODEX미국나스닥100선물(H) 200주
1만 335원 전량 매도합니다.

허영만

주문 넣었습니다.

KODEX미국나스닥100선물(H) 200주 중
19주만 1만 335원에 매도 체결됐습니다.
수익률 3.17%

 이홍장 이상투자그룹 수석 전문가

후성이 내려오고 있습니다.
매수 준비합니다.
1만 200원이 중심 기준선 자리인데
1만 300원 이하로 내려오면
매수 사인 드리겠습니다.

 이홍장 이상투자그룹 수석 전문가

후성 1만 200원,
100만 원 매수 주문합니다.

또 후성 1만 100원,
100만 원 매수 주문 넣어놓습니다.

허영만

주문 넣었습니다.

주문을 두 개 넣는 건가요??

 이홍장 이상투자그룹 수석 전문가

네, 1만 200원으로 100만 원어치,
또 1만 100원으로 100만 원어치
이렇게 두 군데 매수 주문합니다.

허영만

후성 1만 100원 99주,
후성 1만 200원 98주 주문 넣었습니다.

 이홍장 이상투자그룹 수석 전문가

아진산업 3,210원에 100만 원,
3,110원에 100만 원
두 군데 매수 주문 걸어놓습니다.

허영만

아진산업 3,210원 311주,
아진산업 3,110원 321주
매수 주문 넣었습니다.

허영만

한스바이오메드는 작년 가을부터
지켜봤는디, 이 이상 더 내려가지 않을 거란
판단이 섰습니다.
이젠 오르는 것뿐!!

누적 수익률

(2019년 4월 15일 ~ 2019년 7월 19일)

자문단 수익률

하웅	최준철
-4.11	-1.50
이홍장	박태우
-1.22	3.21
박동규	허영만
-9.94	-3.34

총평가금액 58,311,734원 (수수료 제외)

허영만 종합 수익률	코스피 등락률	코스닥 등락률
-2.81 %	-6.23 %	-12.21 %

코스피·코스닥 주가지수 등락률과 허영만 계좌 종합수익률

(투자 시작일 4월 15일 기준)

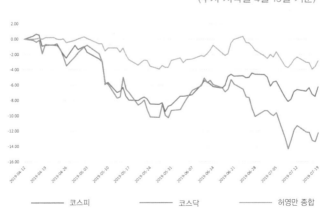

15화
삼박자 투자법

세금 무서워하는 사람은
대부분 돈을 많이 버는 분들이에요.

그런 점에서
주식거래 이익에
원칙적으로
세금이 없다는 건
주식투자의
정말 큰 매력입니다.

세금은 누진세가 적용되니까
수입이 많을수록 더욱더 많아진다.

많이 버니까
많이 내야지!

그런 말 하지 마!
수입의 50%가 세금이야!

상속증여세도 100억을 상속한다면
50% 최고세율이 적용된다.

우리나라는
세금이
쎈 나라예요.

특히 가업을
승계시키려 해도
세금 낼 돈이 없어서
가업을 포기해야
한다니까.

선생님은 세금 문제
어떻습니까?

완전히 노출되죠.
속살이 보여요.

캐나다 여행 갔을 때 어느 건축업자가 말했다.

난 1년에 주택
딱 두 채만 짓습니다.

더 벌어봐야
세금으로 다 나가는데
힘들게 일 많이 할
이유가 없죠.

책을 두 권 내셨다고요?
종목을 고르는 것과
관련이 있습니까?

물론입니다.
주식투자의 핵심이
종목을 고르는 일이니까요.
《슈퍼개미의 왕초보 주식수업》과
《삼박자 투자법》을 냈습니다.

삼박자라면?

투자 분석 방법을
크게 세 가지로
구분하는 거죠.

가격이
가치를 따라가는 건
불변의 절대 진리.
가치가 숫자로 나타난
재무제표만 보면
충분해.

가치 분석

과거 주가로
미래 주가를
예측할 수 없다고?
추세 매매를 무기로
수많은 투자자가
세계적인 투자자가
되었지.

차트 분석

재료를 분석하면서
앞으로 나올
공시나 기사 등을
예상해서
선취매 들어가는
스케줄 매매가 최고지.

재료 분석

이렇게 세 가지를
동시에 분석해서
종목을 찾습니다.

한 가지도 복잡한데
세 가지를….
난 하여간
이런 분석에 약해.

만약 하나만 분석했을 때의 문제점을 생각해보죠.
예를 들면 재무제표만 분석해서 저평가우량주를 골랐다면
저평가 상태이니 단기간에 주가가 크게 빠지는 일은 없겠죠.

그런데 이 주식이 저평가 상태로
계속 머무를 수 있다는 문제가 있습니다.
수년 동안 말이죠.
그러다가 우량주가 불량주로 바뀔 수도 있고요.

나 혼자 열심히 찾은 저평가우량주를
시장에서는 아주 오랫동안
알아주지 않을 수 있는
큰 위험이 도사리고 있다는 겁니다.

내가 그 대표적인 저평가주
○○은행을 사서 한참을 가지고 있었어요.

이거 사세요.
저평가주인데
분명히 뜹니다.

고마워.

그런데 3년을 갖고 있어도
주가가 꼼짝하지 않았다.

계속 12000원
으이그~~~

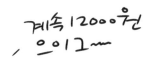

왜 그럴까요?
이해가 안 돼요.

그냥 묻혀 있는 거죠.
관심이 없는 거예요.
그 종목이 움직이려면
핫한 재료가 나오든지
차트가 이쁘게 나와서
여러 사람이
좋아해야 합니다.

이 대표는 삼박자 기법을
충족시켜주는 종목을 고른다.

가문 좋고
이쁘고
착하고

주식투자는 앞으로 오를 종목을
미리 사야 성공하는 건데,
과연 주가는 왜 오르냐를
근본적으로 생각하자는 거죠.

가치가 저평가되었다고 오르는 것이 아니라
사람들이 매수 주문을 넣어서 오르는 것이다.

매수 이유도 여러 가지다.

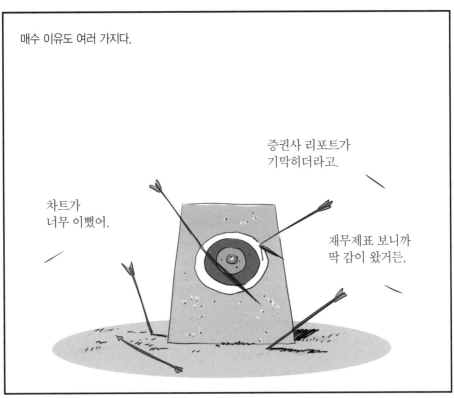

증권사 리포트가
기막히더라고.

차트가
너무 이뻤어.

재무제표 보니까
딱 감이 왔거든.

이 대표는 이 세 가지를 한꺼번에 본다.
어느 각도로 봐도 다 좋은 것을 택한다.

재무제표 분석, 차트 분석, 재료 분석, 수급 분석 등
다양한 분석을 한 투자자들이
각각 매수 주문을 넣을 것이고
그러면 주가가 뛴다.

즉, 주가에 영향을 미칠 수 있는
모든 부분을 종합적으로 고려하여
투자 종목을 선정하자는 것이
저의 투자 방법입니다.

이 대표는
계속 잘 나갔습니까?
중간에 위기는
없었어요?

위기가
왜 없었겠습니까?

1999년, 2000년에는 IMF 영향권이었는데도 잘하고 있었고,
돈 욕심 줄이고 유학을 갔을 때는 투자금을 줄였으니까 잘 넘겼었고,
귀국해서 세무사 공부할 때는 투자를 아예 안 했었고,
세무사 합격하고 2007년부터 다시 주식을 본격적으로 하고 있었을 때는
2008년 1년 동안 금융 위기를 겪었다.

그때 계좌가 반 토막 났다.

매일매일 떨어지는 주가를 보면서
극도로 긴장하니까 두 가지 의식이 공존했다.

하나는 '어떻게 살아남을까' 하는
보호 본능.

또 하나는 '될 대로 돼라'라는 파괴 본능.

그때 보호 본능이 파괴 본능을 앞섰다.

이러다가
다 날릴 수도
있겠다.

하지만 어차피 난 아무것도 없이
무일푼에서 시작했고,
지금은 세무사 자격증도 있고
가진 돈도 있어.
초심을 가지고 더 열심히 집중하자.

2년 동안 열심히 세무사 일하면서
주식투자에 대응했다.

2000포인트에서
1500, 1400, 1300
계속 내려간다

2008년 10월 말 마지막
폭락 음봉이 바닥을 찍었다.

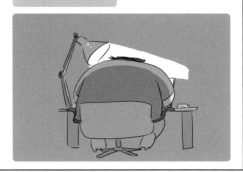

그 이전에 차트를 검토했다.

IMF 때가 1,000포인트에서
270포인트까지 내려갔으니까
거의 1/3수준 하락!

지금은 2,000포인트니까 1/3이면
700포인트 정도까지 내려갈 것이다?

그런데 IMF 때는
아시아권과 한국의 위기였다.

지금 글로벌 금융 위기는
미국에서 생긴 것이었다.

미국은 세계 최강대국이니까
분명 자구책이 나올 것이라 확신했다.

2000포인트에서
얼마나 더 떨어질까?
IMF 때처럼 1/3까지
폭락은 알 될 것이고….

900포인트가 접점이겠다!

주가 지수는
반드시 오른다!

2019년 7월 23일 (화)

최준철 브이아이피자산운용 대표

SK머티리얼즈
17만 1000원에 4주 매도.

허영만

SK머티리얼즈
체결 평균가 17만1400원으로
4주 전량 매도 체결됐습니다.
수익률 15.54%

2019년 7월 26일 (금)

박태우 두나무투자일임 전략 팀장

주문 드려요~

KODEX미국나스닥100선물(H)
잔량 181주 모두 매도해주세요.
시가로 체결해주시면 됩니다.

허영만

KODEX미국나스닥100선물(H)
체결 평균가 1만 340원에
181주 잔량 매도 체결됐습니다.
수익률 2.72%

최준철 브이아이피자산운용 대표

현금 얼마 남았죠?

허영만

144만 1677원입니다.

최준철 브이아이피자산운용 대표

효성화학 15만 7000원에 3주 매수.

KT&G 9만 7000원에 10주 매수.

140

허영만

효성화학
체결 평균가 15만 7000원에
3주 매수 체결됐습니다.

KT&G 체결 대기 중입니다.

허영만

KT&G
체결 평균가 9만 7000원에
10주 매수 체결됐습니다.

이홍장 이상투자그룹 수석 전문가

디알텍 매도 준비.

디알텍 1,990원에 절반 매도합니다.

허영만

255주 주문 넣었습니다.

이홍장 이상투자그룹 수석 전문가

나머지는 2,000원 돌파 봅니다.

이홍장 이상투자그룹 수석 전문가

2,000원에 나머지 매도합니다.

141

허영만

디알텍
체결가 1,990원에
255주 매도 체결됐습니다.
수익률 1.25%

나머지 물량 주문 넣었습니다.

이홍장 이상투자그룹 수석 전문가

1,970원에 나머지 물량 매도합니다.
주문 정정합니다.

허영만

정정 주문 넣었습니다.

이홍장 이상투자그룹 수석 전문가

체결되었나요?

허영만

아직 체결 안 됐습니다.

이홍장 이상투자그룹 수석 전문가

1,970원에 매도 물량이 계속 나옵니다.

아, 시장가로 매도하세요.

매도하셨나요?

허영만

디알텍
체결 평균가 1,885원으로
나머지 255주 매도 체결됐습니다.
수익률 -4.12%

이홍장 이상투자그룹 수석 전문가

KMH하이텍 1,140원, 100만 원 매수.

이홍장 이상투자그룹 수석 전문가

> 마이크로프랜드 5,120원, 100만 원 매수.

> 마이크로컨텍솔 2,900원, 100만 원 매수.

허영만

> 마이크로프랜드
> 체결 평균가 5,120원에 195주 매수 체결됐습니다.

> 마이크로컨텍솔
> 체결 평균가 2,900원에 344주 매수 체결됐습니다.

> KMH하이텍
> 체결 평균가 1,140원에 877주 매수 체결됐습니다.

 이홍장 이상투자그룹 수석 전문가

> 네, 수고하셨습니다.

16화

시장이 좋지 않을 때

지수가 바닥을 찍고 반등하는 것을 확신했지만
선도주가 무엇인지 모르니까 종목 매수 대신
선물옵션 파생 상품으로 상승 포지션을 구축했다.

2008년 10월의 지수 890포인트.
그때가 정확히 맨밑바닥이었다.

그 후로 2009년, 2010년 2년 동안
2,250포인트로 뛰어올랐다.

반 토막 난 계좌에서 상승 장을 믿고
파생 상품의 상승 포지션과 우량주 위주의 포트폴리오를
계속 밀고 나갔더니
지수 상승률보다 훨씬 큰 수익률을 낼 수 있었다.

시장이 좋으면
웬만하면 수익이 나죠.
시장이 좋지 않으면
아무리 용을 써도
손실이 납니다.

그러므로 우리는 시장이 좋을 때는
지수 상승률보다
더 높은 수익을 내는 방법을 연구하고,
시장이 좋지 않으면 지수 하락률보다
조금 더 손실을 방어하고
살아남기 위한 노력을 해야 합니다.

그렇게 해서
주식시장으로부터
영구적인 아웃을
당하지 않는다면
언제든지 기회는 있습니다.

주식투자로 크게 성공한 사람들을 보면서
나도 성공할 수 있다는 믿음을 가질 필요가 있습니다.
동시에 그 성공이 영원한 것이 아니라는 것 또한
명확히 알아야 합니다.

그런데 일반인들은 쉽게 접근한다.

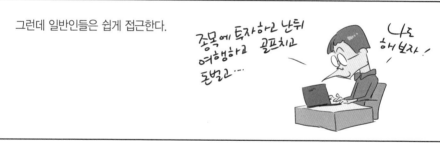

일류 대학을 들어가려면 5~6년 열심히 공부해야 하는데,
주식투자에 일생을 걸겠다면서 대학 입시생만큼 공부하지 않는다.

피겨스케이팅 한다고 모두 김연아가 될 수 없고
야구 한다고 모두 류현진이 될 수 없다.

앞으로 남는 시간을
어떻게 꾸려나가고 싶어요?
주식만 계속할 건가요?

아닙니다.

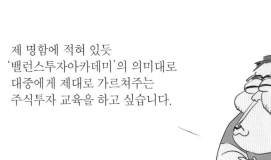

제 명함에 적혀 있듯
'밸런스투자아카데미'의 의미대로
대중에게 제대로 가르쳐주는
주식투자 교육을 하고 싶습니다.

교육을 통해서
'주식투자자는 전부 사기꾼들이고
언제 망할지 모른다'는
말을 듣지 않도록 하고 싶어요.

아버지에 대한
가족들의
시선은요?

그냥 평범한 가장이었죠.

…이었죠?
지금은
달라졌나요?

와이프나 아이들은 사실 주식투자 잘하니까
'대단해' 이런 것 없었어요.
주식투자를 여러 다른 직업과 마찬가지로
돈을 버는 직업 중의 하나로 생각하고 있는 거 같아요.
당연한 거구요.

그런데 제가 책을 두 권 냈잖아요.
그때부터 바뀌었어요.

생전 개인적인 문자를
보낸 적 없던 장인이
이런 문자를 보냈다.

그때도 느꼈죠.

지금까지
주식투자자들의
이미지가 역시
좋지 않았구나.

미국에 있는 딸과 통화했다.

친구들한테
울 아빠가 책을 두 권 냈다니까
'진짜 너네 아빠 대단하다, 얘' 이러더라.
미국은 저자에 대한 존경심이
굉장히 크거든.

예를 들면 바둑의 세계에서
이창호가 스승인 조훈현 기사를 꺾고,
또 그러한 이창호를 이세돌이 꺾고 하는 이유도
전성기를 지나는 시기가
언제든 온다는 것을 보여주는 것이겠지요.

운동선수는 체력이 가장 중요한 직업이니
보통 20대 후반에서 30대 초반쯤에 전성기가 올 것이고,
사업가들은 인맥과 경험이 중요하니까
50~60대일 수도 있습니다.

제 경험으로는
주식투자자로서의 전성기는
30대 후반에서
40대 초반인 거 같아요.

30대 초반까지는 경험이 부족했고,
40대 중후반이 되니
체력이나 판단력이
떨어지는 것을 느끼게 됩니다.

주위 친구들이
만화가는 정년이 없어서
좋겠다고 말해요.

나도 그런 줄 알고
있었고요.

그런데 3~4년 전부터 체력이 약해지면서
모든 게 바뀌기 시작했다.

비꺼리가 줄어든걸 보면
그말로 맞다

3,4년전?
10년전 부터지!

벽에 못을 하나 박으면 좋겠다고 하면서
벽만 쳐다보고 반나절을 보냈다.
그래서 이런 글을 써 붙였다.

생각즉시 행동!
꾸물대지마!

그렇긴 하죠.ㅎㅎ
그래도 순간 판단력이나 집중력이
많이 약해지는 느낌이 들어서
단기투자 비중을 많이 줄이고
중장기 투자 비중을 높여서
투자하고 있습니다.

그러니까 주식투자도
손가락으로
자판 누를 수 있을 때까지
할 수 있는 것이 아니네요.

중장기 투자 비중을 높이니까
좋은 종목으로 포트폴리오를
잘 짜 놓으면 마음도 편하고
장중에 시간적으로나 심적으로
여유가 생겨서 좋아요.

만화를 하루 놀면
다음 날 이틀치 작업을
해야 하는데….
흑!

86세 워런 버핏(Warren Buffett)은
매일 매매하지 않는다.

중장기 매매로 바뀌면서 5% 공시도 한 적이 있다.

이 종목이
그렇게 좋은가요?

아뇨.
투자 스타일의 변화 때문이죠.

예전에는 5% 공시를 할 수 없었다.
오늘 샀다가 내일 파는 일이 많았으니까.

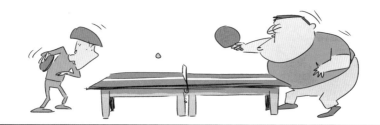

요즘은 수명을 100세로 계산하는데
내가 죽을 때까지 호주머니에
돈이 있을까 걱정이에요.

우리 나이쯤 되면
친구들이랑 모였을 때
술값을 내는 것이 폼 나요.
슬슬 눈치 보면서
뒤로 빠지면 흉하지요.

아유, 엄살은….
저작권료 많이
나올 텐데요, 무슨….

인세는 시간이
지날수록 동그라미가
하나씩 없어져요.
마냥 좋을 수 없죠.

2019년 7월 29일 (월)

이홍장 이상투자그룹 수석 전문가

마이크로컨텍솔
3,100원 절반 매도합니다.

허영만

172주 매도 주문 넣었습니다.

이홍장 이상투자그룹 수석 전문가

코스닥 차트입니다.
①번 부근이 작년 10월의
투매 장*의 저점 부근입니다.

●투매 장
개인 및 기관 투자자 등이 가격에 상관없이
가지고 있는 주식을 처분하려고 할 때 대량
거래가 일어나면서 주식 가격이 급속히 떨어
지는 현상(출처: 국립국어원 우리말샘)

이홍장 이상투자그룹 수석 전문가

오후 들어 반등을 주는 듯하더니
저점을 또 갱신하네요.
이제 마지막 투매의 정점을 찍는 듯합니다.

종목들을 추가 매수하겠습니다.
추가 매수 사인 드리겠습니다.

2019년 7월 26일 (금)

 박태우 두나무투자일임 전략 팀장

KODEX200인버스선물2X
시가로 전량 매도 주문 드립니다.

허영만

KODEX200인버스선물2X
체결 평균가 7,810원으로
130주 전량 매도 체결됐습니다.
수익률 4.81%

 박태우 두나무투자일임 전략 팀장

넵, 감사합니다~

이홍장 이상투자그룹 수석 전문가

마이크로프랜드 4,820원,
50만 원 매수합니다.

KMH하이텍 1,070원,
50만 원 매수합니다.

매수가에 매수 주문 걸어두세요.

이홍장 이상투자그룹 수석 전문가

KMH하이텍 매수가 정정합니다.
1,085원에 50만 원 매수 주문합니다.

허영만

마이크로프랜드 103주,
KMH하이텍 460주 주문했습니다.

허영만

마이크로프랜드
체결 평균가 4,820원에
103주 매수 체결됐습니다.

이홍장 이상투자그룹 수석 전문가

KMH하이텍 1,130원,
50만 원 매수합니다.

허영만

매수가 정정인가요??

이홍장 이상투자그룹 수석 전문가

네, 매수가 정정합니다.

허영만

주문 넣었습니다.

KHM하이텍
체결 평균가 1,130원에
460주 매수 체결됐습니다.

2019년 8월 1일 (목)

이홍장 이상투자그룹 수석 전문가

KMH하이텍
1,220원에 절반 매도합니다.
매도 물량 걸어두세요.

허영만

668주 매도 주문 넣었습니다.

이홍장 이상투자그룹 수석 전문가

KMH하이텍
1,180원으로 정정해주세요.

허영만

정정 주문 넣었습니다.

이홍장 이상투자그룹 수석 전문가

KMH하이텍
1,160원으로 매도합니다.

허영만

주문 넣었습니다.

이홍장 이상투자그룹 수석 전문가

마이크로프랜드
매수 평단가가 얼마인가요?

몇 주 보유 중인가요?

허영만

마이크로프랜드
체결 평균가 5,016원,
총 298주 보유 중입니다.

이홍장 이상투자그룹 수석 전문가

신송홀딩스
5,700원에 전량 매도합니다.

매도 주문 걸어놓으세요.

허영만

주문 넣었습니다.

KMH하이텍
체결 평균가 1,160원에
1,337주 전량 매도 체결됐습니다.
수익률 1.78%

 이홍장 이상투자그룹 수석 전문가

네, 수고하셨습니다.
감사합니다.

허영만

고맙습니다. ♥ ♥

2019년 8월 2일(금)

 하웅

엔씨소프트, 다시 한번 50만 원 선 안착인데요.
신규 게임 '리니지 2M' 오픈 재료 전,
전 고점 돌파를 기대해봅니다.
매매 수가 너무 적어 면목 없지만,
현 보유 종목을 재료 소멸 시점에 매도한 후
전과 같이 빠른 매매 시작하겠습니다.

허영만

♥♥♥♥♥♥♥♥

이흥장 이상투자그룹 수석 전문가

신송홀딩스 4,970원,
100만 원 매수합니다.

허영만

주문 넣었습니다.

165

허영만

신송홀딩스
체결 평균가 4,970원에
201주 매수 체결됐습니다.

 하웅

금일 **엔씨소프트**
실적이 나왔습니다.
예상보다 선방했구요.
중요한 내용은 실적이 아니라,
차기 신작 '리니지 2M'의 하반기 오픈을
공식화한 것이라 하겠습니다.
주식이 현재보다 미래 먹거리를
더 중요하게 생각해야 한다는 메시지였습니다.
장이 일본과의 대립 문제로
딱히 매수할 종목도 없는 바,
보유 더 이어가겠습니다.

리니지 2M
사전 등록자 상황 보며
매도 타이밍 잡고,
후속 매매 이어갈게요.
조금만 더 기다려 주세요.

주식시장이 폭락하고 있는 현재, 전문가들의 의견을 들어봅시다.

 박태우 두나무투자일임 전략 팀장

일본의 한국에 대한 화이트 리스트 제외,
미·중 무역 갈등의 격화, 실현 가능한 최악의 시나리오가
패닉 셀링*으로 이어지고 있네요.

●패닉 셀링(Panic Selling)
주식이나 암호화폐 시장이 전반적으로
혼란스러운 상황에서 투자자들이 공포심
에 급격히 매도하는 현상

박태우 두나무투자일임 전략 팀장

어제 급락 여파로 반대 매매 매물도
출회되면서 갭 하락으로 시작했는데,
장 중에 어느 정도는 회복하지 않을까 합니다.
여건상 하락 추세가
당분간 지속될 가능성이 작지 않아보여,
잠시 피해 있는 것도 방법인 것 같습니다.
다만, 이미 보유 중인 종목이 있다면
섣부른 손절보다는 선별적으로
대응할 필요가 있습니다.
평가손실이 부담스럽지만 건실한 기업은
결국 내재 가치로 수렴하기 마련이니까요.
유동성 모멘텀을 활용한 매매가 아니라면
긴 호흡을 가지고 가야 할 것 같습니다.

이홍장 이상투자그룹 수석 전문가

전일 급락했던 우리 증시가
오늘 반등하고 있습니다.
단기 저점을 찍었다고 봅니다.
코스닥은 외국인과 기관이
저점에서 들어오고 있습니다.
지금은 낙폭 과대주 위주로
분할 매수로 공략해야 할 시기입니다.
항상 그랬듯이 이렇게 해서 반등이 나오면
개인투자자들만 바보 되는 시장입니다.
시장의 악재는 다 나왔습니다.
이미 공개된 악재는 더 이상 악재가 아닙니다.
악재는 이제 시장에 어느 정도 반영되었습니다.

지금 시장에서 가장 핫한 종목군은
일본 화이트 리스트 제외에 따른
수혜주 쪽입니다.
특히 반도체 소재 장비 쪽에 관심을 가져볼 만합니다.
반도체 소재 장비 관련주에
정부와 대기업에서 지원하고 육성하고 있기 때문에
관심 있게 보아야 합니다.

이들 종목이 매수 자리가 오면 공략합니다.
매수 사인 드리겠습니다.

박환성(가치삶)

현금이 있는 분들은 좋은 매수 기회긴 한데,
좀 긴 호흡으로 가야 할 것 같습니다.

전 여러 업종과 섹터 내에서
전망이 양호한 쪽에서 실적도 개선되는
종목에 집중하려고 합니다.
다 힘들어 보이지만
그래도 상대적으로 괜찮은 쪽으로는
자금이 유입될 수 있다고 봅니다.
이미 물린 종목들은 매력도에 따라
일부 교체 매매 하고요, 일부 현금은
물타기 전략으로 활용하고 있습니다.

김철광(바람의 숲)

리스크는 '구체적'인데, 희망은 '추상적'이어서
대응하기가 많이 힘드네요….

"서툰 어부는 폭풍우를 두려워하지만,
능숙한 어부는 안개를 두려워한다"고 하죠.

지금 문제는 단기간 급락을 했다는 것이 아니라,
앞이 잘 보이지가 않는다는 게
큰 문제 같더라고요.

미·중 무역 분쟁이나 일본의 보복,
미국의 미사일 배치 문제 등
우리가 확인할 수 없는 변수가 많아서
향후 전략을 짜는데, 어려움이 매우 크다는 게
가장 큰 문제라고 보이고요.

감내 가능한 수준으로 주식 비중을 줄이면서
때를 기다려야 하지 않나 싶더라고요.

그렇다고 시장을 떠나야 한다는 것은 아니고,
쉽지 않은 상황이 지속되고 있다는 점에서
긴장의 끈을 놓쳐서는 안 될 것 같아요.

박동규 두나무증권 분석가 팀

저는 이럴 때 이게 상식적으로
말이 되는가 아닌가 고민을 하게 되네요.
포트폴리오를 조금 조정하거나
그나마 있는 현금으로 추가 매수를 합니다.
PER*, PBR*, 배당이 구닥다리 지표가 되었지만,
그래도 이런 위기에선 기댈 언덕 역할을 해주는 거 같습니다.
허 쌤이 '니는 또 광주은행이냐' 할지 몰라도….^^
PER 2~3대에 들어온 걸 팔긴 어려워 버티게 되고
배당이 7% 가까이 되는 종목들도 버티게 되고….
대웅제약처럼 미래가 좋아 보이는 종목도 버티게 되긴 하네요.

> ●PER(Price Earnings Ratio)
> 주가 수익 비율. 기업의 현재 주가와 주당순이익과의 비율을 나타낸 값. 일반적으로 PER이 작다는 것은 기업이 내는 순이익에 비해 현재 주가가 저평가되어있다는 뜻이며, 반대로 PER이 크다는 것은 주가가 고평가되어 있다는 뜻.
>
> ●PBR(Price Book Ratio)
> 주가 순자산 비율. 현재 주가가 주당 순자산의 몇 배로 매매되고 있는지 보여주는 지표.

근디…. 계좌는 엉망진창입니당.^^

버티는 거 하나는 제가 잘합니다.^^
'시벌시벌' 하면서 말입니다.

권창복

전 시장을 계속 안 좋게 보고 있어서
롱숏페어* 종목들, 장기적으로 좋게 보는 몇몇 종목 빼고는
주식 노출 NET포지션*을 최소로 낮추려고
오늘 반등을 이용해서 대부분 종목을 다 매도합니다.

> ●롱숏 페어 트레이딩(Long/Short Pairs Trading)
> 유사한 가격 흐름을 지닌 두 자산 가격의 변동성을 활용해, 가격 움직임이 과거와 비슷할 것이라는 가정하에 매매하는 통계적인 차익 거래.
>
> ●NET포지션
> 순포지션. 증권 투자를 하는 투자자가 가지고 있는 증권의 양을 '포지션'이라고 하는데, 사고판 것을 상쇄하고 남은 것.

권창복

7월 한 달 펀드 마이너스가 1%였는데
어제 하루 마이너스가 1.4%되니
좀 허무하기도 하지만,
지금껏 벌어놓은 고객들 자산 유지하는 게
우선이란 생각이 들어서,
NET포지션을 줄이고 버티거나
시장 상황을 보며 현금을 보유하려고 합니다.

이정윤 밸런스투자아카데미 대표

폭락 장에서의 주식투자 전략은 세 가지입니다.
손절매도, 신규 매수, 관망입니다.

1. 손절매도
10% 내외에서 종목 교체를 위한 손절매도가 아닌
폭락 장에서 30% 이상 손실이 난 상태에서는
손절매도 타이밍으로는 늦었다고 생각합니다.
주식시장을 떠나기 위한 손절매도가 아니라면
결국 손절매도는 팔고
더 낮은 가격에 사기 위한 매도인데,
폭락 장 특성상 매수 주문이
마음먹은 대로 쉽게 나가지가 않기 때문입니다.
'너무 늦은 손절매도는 의미 없다'라는 게
제 결론입니다.

2. 신규 매수
신규 매수를 고려한다는 것은 폭락 장에서
행복한 투자자일 수 있습니다.
현금 부분을 유지하고 있다는 뜻이니까요.
현금이 있고 매수 타이밍을 노린다면
요즘의 시기는 최적은 아닐지라도
꽤 좋은 위치임에는 분명합니다.
하락 추세의 끝은 상승 반전인데,
하락 추세의 끝은 하락의 폭과 기간이 좌우합니다.
얼마나 크게 빠졌는지, 얼마나 오래 빠졌는지 말이죠.
그런데 위에서도 말했지만 1년 반 동안
코스닥 지수가 42% 빠진 수치면
빠진 폭은 꽤 크다는 것, 그리고

꽤 오랜 기간 빠졌음을 알 수 있습니다.
"무릎에서 사라"는 말이 있는데,
바닥을 발바닥에 비유한다면
바닥을 찍기 전이 왼쪽 무릎이고,
바닥을 찍은 후에 올라가는 시점이 오른쪽 무릎입니다.
바닥 확인 후에 사고자 한다면
아직은 바닥이 확인되지 않았으므로
신규 매수를 보류해야 하지만, 바닥 확인 전에
왼쪽 무릎에서 공격적으로 매수를 하는 스타일이거나
길게 보는 장기 투자자라면 지금 정도의 타이밍은
충분히 신규 매수가 가능한 타이밍입니다.

3. 관망
초보 투자자분들 중에
이러지도 저러지도 못하는 분들이 많은데
어찌 보면 폭락 장에서는 아무것도 하지 않고
관망하는 것이 최고의 투자 전략일지도 모릅니다.
다만 관망하는 중에도 시장의 흐름은
계속 지켜봐야 합니다.

최준철 브이아이피자산운용 대표

생각할 수 있는 모든 외부 악재가 한꺼번에 터져 나왔네요.
이런 때 투자자의 원칙과 함께 갖고 있는 종목의 퀄리티를
테스트하게 되는데 허약한 종목은 휩쓸릴 수밖에 없고,
견고한 종목은 시간이 지나면 결국 반등을 하게 될 겁니다.
보유 종목을 냉정하게 돌아보고 이상이 없다면
안개가 걷히고 반등하기를 차분하게 기다려야 할 때입니다.

한봉호 교수

미·중의 관세 전쟁으로 인해
지금은 산업의 구조적 침체가 심하고
기업 위험도가 커지고 있으며,
또 한·일 관계의 악화로 시장이
밑바닥을 모르고 떨어지고 있습니다.
이때는 자산을 지키는 것이 중요하므로
쉬어가는 것이 좋습니다.
손절매를 생각했다면 지금은 늦은 감이 있습니다.

한봉호 교수

손실이 30% 이상이면 매도도 보유도 어렵습니다.
저는 5개월 전부터 달러와 금 쪽으로
포트폴리오를 조정하고 있었는데
주식은 계속 관망 중입니다.

17화

8T 투자 성공 법칙

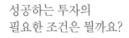

성공하는 투자의
필요한 조건은 뭘까요?

미국의 투자자
알렉산더 엘더(Alexander Elder)는
그의 책에서 3M이라는
성공 투자 요소를
말했어요.

"Method, Money, Mind."

즉 주식 기법(Method), 자금 관리(Money), 심리 관리(Mind)입니다.

일반 주식투자자들은
기법이 전부인 줄 알고
고수를 찾아다니지만,

자금 관리와 심리 관리 역시
기법만큼 중요합니다.

심리 관리는 상승 장과
하락 장에서 탐욕과 공포를
다스리는 능력이고,

자금 관리는
투자 비중을 조절해서
시장에서 살아남는
능력이죠.

저는 3M에서 영감을 받아서
8T라는 주식투자 성공 법칙을
만들었습니다.

① TYPE – 당신의 투자 유형을 알라

공격적인 성향 정도, 지식이나 경험 등에 따라서
주식투자전략은 달라지기 때문이다.

② TERM – 당신의 투자 기간을 결정하라

장기 투자를 할 것인지, 단기 투자를 할 것인지를
먼저 결정하는 것이 중요하다.
단기 투자는 탄력 있는 종목을 골라야 하고,
장기 투자는 저평가된 우량주를 골라야 하기 때문이다.

③ TRADING - 매매 개념을 이해하라

투자와 투기 사이에 매매의 개념을 이해해야 한다.
가치는 거의 변동하지 않더라도
단기간에 가격이 급등하는 경우가 흔히 있는데,
단기간의 주가 변동에 대해서 수익을 내려거든
매매 개념으로 접근을 해야 하기 때문이다.
우리가 보통 부동산을 투자냐 투기냐의 논쟁을 흔히 하는데,
제 내 생각에 부동산은 매매의 영역이다.
우리가 부동산을 거래할 때
'부동산 매매 계약서'라는 것을 쓰는 이유를 생각해보면 이해가 쉬울 것이다.

④ TOP-DOWN - 통찰력을 갖고 선택과 집중을 하라

높이 나는 새가 멀리 볼 수 있는 것처럼
글로벌 시대가 진행될수록
톱-다운 방식의 유용성이 더욱 커지고 있다.
특히나 우리나라 주식시장의 경우
미국, 중국, 일본의 눈치를 심하게 보는 경우가
많기 때문에 더욱 그러하다.
글로벌 경제를 보고, 산업 동향을 파악한 후에
톱픽(top-pick)* 종목을 선택하는 톱다운 방식이
바텀업 방식보다 수익 내기 좋다는 것을 깨닫기 바란다.

● 톱픽(top-pick)
주식에서, 여러 종목 가운데 엄선된 최고의 종목을 이르는 말. '최선호주'라고도 한다.

⑤ TREND - 시장의 흐름을 읽어라

세상에도 트렌드가 계속 변화하듯이
주식시장도 마찬가지다.
주식시장의 트렌드 변화를 빠르게 포착해나가야
상승 유망 종목을 선정할 수 있다.

⑥ TECHNIQUE - 나만의 기법을 개발하라

주식투자로 돈을 벌 수 있는 유일한 방법은
앞으로 오를 만한 종목을 선정하는 것이다.
그러한 종목 선정 기법은 여러 가지가 있는데
그중에서 많은 연구와 연습을 통해서
나만의 기법을 만들어나가야 한다.

⑦ TRAINING - 반복해서 훈련하라

요즘 건강을 위해서 퍼스널 트레이닝을 하는 것이 유행인데,
주식투자도 매일 트레이닝을 해야 한다.
학교가 없다고, 선생님이 없다고 포기하지 말고
증권회사의 리포트와 전자 공시 시스템의 공시를 교재 삼아
열심히 공부하고 매일 훈련해야 한다.

⑧ TRY - 시도하라 그리고 또 시도하라

인디언이 기우제를 비가 올 때까지 지내는 것과 마찬가지로
성공할 때까지 계속 시도한다면 언젠가는 주식투자로 성공할 수 있다.
다만 계속 실패를 이겨내고 시도하기에는
우리의 자금이 한계가 있다는 점에서
자금 관리의 중요성을 깨달아야 한다.
시장에서 퇴출되지 않고 살아남아서 계속 시도한다면
언젠가는 반드시 성공할 수 있다.
마치 인디언 기우제의 끝에는 늘 비가 오는 것처럼.

자신만의 기법 개발이라….

칼을 몇 번 휘두르고
검법을 완성시킬 수 없듯이
칼을 내 몸의 일부라고
느낄 때까지 수련해야
검법이 완성되는 것과 같겠군요.

만화도 마찬가지죠?
수없이 밤을 새면서 그려야
자기 그림이
만들어지지 않습니까?

음….

성공하기 위한 방법 중
오를 만한 종목 선정을
잘해야 하는 것이 중요하죠?

그렇다면 이 대표의
종목 선정 방법을
말해주세요.

성공 투자의 단계를 8단계로 설명했듯이
성공 투자 기법을 8가지로 설명해드리죠.

① 삼박자 투자법

맛있는 식당을 선정할 때 여러 가지 기준이 있을 것이다.
맛을 중요하게 생각할 수도 있고,
가격 또는 서비스 등을 중요하게 생각할 수도 있다.
맛도 좋고, 가격도 싸고, 서비스도 훌륭하면
그야말로 모두가 좋아하는 맛집이 될 수 있다.
마찬가지로 주식투자 분석 도구 중에 가장 많이 쓰이는 세 가지인
재무제표 분석, 차트 분석, 재료 분석을 다 만족하는 종목이 있다면
모두가 좋아하는 맛집처럼 모두가 좋아하는 종목이 될 수 있다.
이 삼박자 투자법은 누구나 할 수 있는, 그리고
누구나 해야 하는 필승 전략이라 할 수 있다.

② 시가총액 비교법

식당 옆 테이블에서 이런 이야기를 하는 것을 들은 적이 있다.
"삼성전자 요즘 회사가 많이 안 좋은가 봐"
"왜?"
"삼성전자 주가가 200만 원 넘게 올라갔었는데, 요즘은 5만 원도 안 되잖아."
주식투자를 안 하는 분들이 이런 오해를 하는 경우는 어쩔 수 없다 치더라도
주식투자자들은 절대 해서는 안 되는 착각이다.
주식투자자라면 주가보다 시가총액을 더 중요하게 봐야 한다.
'이 회사의 주가는 얼마냐'가 아닌
'이 회사의 시가총액은 얼마냐'를 항상 봐야 한다.
삼성전자의 주가가 5만 원인 게 중요한 게 아니라
삼성전자가 우리나라 시가총액 1위인 300조인 것이 중요한 것이다.

③ 분산투자 기법

분산투자를 수익률을 높이기 위한 전략으로 오해하는 경우가 있다.
분산투자의 목적은 위험관리다.
수익률과 위험이 트레이드오프 관계라는 점에서
분산투자를 함으로써 오히려 수익률이 낮아지는 것을 느낄 수도 있다.
분산투자로 위험을 낮추면서 수익률은 유지시켜야겠다는 판단을 해야 한다.
주식투자자는 수익률 극대화와 위험 극소화 양극단 사이에서
균형을 맞추는 줄다리기를 꾸준히 하는 사람이다.
그리고 그 유일한 해답은 분산투자다.

④ 상승률 매매 기법

주식투자 20년 경험에서
초창기에 개인적으로 가장 많은 수익을 얻은 기법이 상한가 매매 기법이다.
상한가를 분석하고 따라가서 연속 상한가를 몇 방 치면
일주일에도 두 배 수익이 거뜬하던 시기가 있었다.
다만 요즘에는 상한가가 30%로 확대되면서 상한가 종목이 많지 않다.
그래서 변화를 준 것이 상승률 매매 기법이다.
상한가는 한두 종목밖에 안 나오니
상승률이 높은 종목을 하루에 30~50종목 정도 분석해보면서
좋은 종목들을 찾아내는 방법이다.

⑤ 짝짓기 매매 기법

와인을 무척 좋아한다.
와인과 음식의 조화를 '마리아주(mariage)'라고 하는데,
육류에는 레드 와인, 생선에는 화이트 와인 뭐 이런 궁합을 말한다.
주식 종목들도 각각 궁합이 있다.
어떠한 하나의 재료에 같은 움직임들이 나오는 종목군을
'테마'라고 부르는데, 테마가 강하게 형성될 때는
수개월에서 1년 이상 강한 움직임을 보일 때도 있다.
테마는 도박이라고 거부감을 가질 필요가 없는 게,
금융주, 반도체주, 조선주 등 이러한 동일 업종의 종목들도
넓게 봐서는 테마라고 생각하면 이해가 빠를 것이다.
궁합이 좋은 종목들을 모아서 주가를 살펴보면
좋은 매수 기회를 잡을 수 있다.

⑥ 신고가 매매 기법

가장 좋아하는 차트는 정배열 신고가 차트다.
정배열이라고 하면 오랜 시간 동안 주가가 오르고 있다는 뜻이고,
신고가는 오늘의 종가가 전 고점을 뚫었다는 뜻이다.
즉, 매일매일 오른 종목이 신고가 종목이 된다.
주가가 매일매일 올랐다면
내일도 오를 확률이 더 높다는 관점에서
종목을 선정하는 것이 신고가 매매 기법이다.
특히 강세 장에서 큰 힘을 발휘하며,
반대로 약세 장에서는 신고가 종목을 거의 찾아내기 힘들다.
신저가 종목이 많다.

⑦ **신규상장주 공략법**

주식시장에서는 새로운 재료가
오래된 재료보다 훨씬 강력하다.
마찬가지로 새롭게 상장된 종목이
주식투자의 사랑을 받으면서
급등 종목으로 탄생하는 경우가 빈번하게 발생한다.
좋은 재무구조와 핫한 업종, 그리고
적정한 공모가 수준으로 신규상장된 종목은
의외의 큰 수익을 주는 종목이 될 수 있다는 점을 기억하라.

⑧ **생활 속의 종목 발굴법**

"미치면 통한다"라는 말처럼
주식투자에 미치면 일상생활에서
많은 종목 발굴의 기회를 포착할 수 있다.
월가의 '전설의 영웅' 피터 린치도 그의 책에서
일상생활에서 얼마나 많은 종목 발굴 기회를 포착할 수 있는지 강조했다.
우리는 마트에서 병원에서 길거리에서, 그리고 TV를 보면서
애널리스트보다 먼저 실적이 좋아지는 종목을 찾아낼 수 있다.

8가지 기법 중
삼박자 투자법이
필승 전략이라고
했죠?

좀 더 구체적으로
설명하신다면?

① **정보 분석**

보통의 투자자들이 주식을 시작하는 이유는
친구에게 언질을 받았기 때문이다.
"A주식 꼭 사."
"왜?"
"정보가 있잖아. 구체적으로는 말할 수 없고 너만 알고 꼭 사."
이러한 정보를 받고 주식투자를 시작하지만 성공하는 사람은 없다.
그렇다면 정보는 백해무익할까?

그렇지 않다.
주식투자에서 정보는 매우 중요하다.
우리에게 노출되지 않은, 공개되지 않은
지라시처럼 도는 정보가 중요한 것이 아니고,
모두에게 공개된 증권사 리포트나 공시된 정보들이 훨씬 중요하다.
모두에게 공개된 정보지만
그 정보를 판단하고 분석하는 능력이 다 다르기 때문에
남들보다 내가 더 정보 분석을 잘하도록 노력하고 경험을 쌓아나가면 된다.
그렇다면 수많은 정보 중에 어떤 정보가 중요한 걸까?
우리에게 중요한 정보는 주가를 오르게 하는 정보다.
즉, 매일 주가가 오른 종목을 공부하면서
어떤 정보가 주가를 오르게 하는지
데이터화시키고 노하우를 축적해나간다면
그다음부터는 어떤 정보를 접했을 때
그 정보가 주가를 얼마나 상승시킬 만한 정보인지 쉽게 파악할 수 있다.

② 가격분석

주식투자자들이 가치를 중요하게 생각하는 반면
가격은 별로 중요하게 생각하지 않는 경향이 있다.
하지만 우리는 가치의 증가로써 수익을 내는 것이 아니고
가격의 상승으로써 수익을 낼 수 있을 뿐이다.
즉, 낮은 가격에 사서 높은 가격에 팔기 위해서
가격의 분석은 필수라는 이야기다.

가격을 분석할 때는 크게 두 가지로 나누어서 볼 수 있다.
하나는 현재 가격을 결정하는 것은 수급이라는 점이다.
경제학에서 가장 오래된 이론인 가격 이론을 생각하면 쉬운데
수요와 공급의 교차점에서 균형가격이 결정되는 것처럼
매수(수요)와 매도(공급)에 의해서 가격이 결정된다.
즉, 주가의 변화는
매수 주문과 매도 주문으로부터 시작된다는 것을 이해해야 한다.
두 번째, 가격을 분석할 때 중요한 것은
과거의 가격분석이 중요하냐의 여부다.
개인적으로 과거의 주가를 중요하다고 보는데
주가는 결국 '상승 추세 – 고점 – 하락 추세 – 저점'의 4단계를
영원히 반복할 수밖에 없기 때문이다.
따라서 차트 분석을 통해
추세를 찾아내고 변곡점을 예상하는 것은
중요한 무기가 될 수 있다.

③ 가치분석

삼박자 분석 중에 가장 중요한 것이 무엇이냐고 묻는다면
가치분석이라고 답할 수 있을 정도로
가치분석은 매우 중요한 분석 도구다.
특히 극단적으로 설명한다면
정보 분석과 차트 분석을 잘해서 좋은 종목을 선정한다 해도
가치분석을 하지 않은 경우에는
내가 산 종목이 부실한 종목인 경우에
유상증자나 감자, 나아가서 관리종목이나 상장폐지가 될 수 있기 때문이다.
그렇다면 우리는 가치분석상 부실한 종목만 걸러내면 될까?

그렇지 않다.
가치분석을 통해서
두 가지 유형의 유망 종목들을 찾아낼 수 있다.
하나는 저평가 우량주다.
즉, 가치보다 가격이 낮은 종목을 찾아내서 매수를 한다면
중장기적으로 그 종목의 낮은 주가는
가치를 따라서 높아질 수 있기 때문이다.
또 다른 하나는 성장주.
매 분기 또는 매년 가치가 증가하는 종목은 성장주라고 할 수 있다.
성장주는 성장이 언제 꺾일지 모르지만
성장이 꺾이기 전까지는 성장과 함께 주가도 매년 상승한다.
따라서 성장주를 잘 찾아내서 중장기 투자를 한다면
피터 린치가 말하는 열 배 상승 종목, 텐 배거를 찾아낼 수 있을 것이다.

마지막으로 주식투자자들에게
들려주고 싶은 말이 있으면
해주세요.

① **주식투자자의 자질**

'주식투자자로서 성공에 필요한 자질이 있을까?'라는
생각을 많이 해봤다.
내가 생각해낸 8가지의 자질은
창의력, 기억력, 통찰력, 분석력, 결단력, 자제력,
호기심, 성실성이다.
이 중에서 앞에 6가지는 타고난 능력이기에
마음을 바꾼다고 쉽게 능력치가 올라가지 않는다.
예를 들면 '오늘부터 창의적으로 일해야지',
'오늘부터 기억력을 높여서 잘 기억해야지' 한다고
창의력이나 기억력이 갑자기 좋아질 리는 없다.
하지만 호기심과 성실성은 그렇지 않다.
주식투자와 관련된 여러 가지를 공부할 때
궁금증과 호기심을 갖고 하면
더욱 재미있게 공부를 해나갈 수 있을 것이다.
또한 열심히 공부해야겠다는 결심을 하고
성실히 하루하루 성취해나간다면
성공 투자의 길이 가까워질 것이다.

② 주식투자자의 심리

분석을 아무리 잘하고 매매 기법이 아무리 좋아도
심리 관리에 실패하면 좋은 성과를 거둘 수 없다.
주식투자 20년을 하면서 가장 좋아하는 문장이 세 가지가 있다.
이 세 가지 문장 모두 심리 관리에 큰 도움이 되었다.

"아무도 믿지 마라"

주식투자를 하면서 많은 사람들에게 여러 가지 말을 듣게 된다.
그러한 내용이 시황이든, 기법이든, 종목 추천이든
한 귀로 듣고 한 귀로 흘려라.
또는 정말 도움이 되는지 엄정하게 검토하라.
일단 기본은 다른 사람의 말을 믿지 않는 것이다.
주식투자는 스스로 분석하고, 스스로 판단하고, 스스로 결정하고,
스스로 책임지는 것이기 때문이다.

"이 또한 지나가리라"

주식을 오랫동안 하다 보면
긴 상승장이나 긴 하락장을 반드시 만나게 된다.
정말 하늘 높은 줄 모르고 끝없이 뻗어나가는 강한 상승장이나
바닥 밑에 지하실, 그 밑에 땅굴을 경험하게 되는 무서운 하락장을
경험하게 되면 탐욕과 공포가 크게 자리잡는다.
그때마다 반드시 생각해야 한다.
"이것 또한 지나가리라"는 문장을 말이다.

"주식 참 어렵다."

특히 초보자일수록 정말 주식을 쉽게 생각한다.
주식을 쉽게 생각하면 공부도 안 하게 되고
투자 자금만은 계속 투입하게 되는 최악의 상황이 온다.
주식은 어려운 것이다.
쉽다면 누구나 벌써 주식으로 큰 부자가 되었겠지만
주변을 보면 주식으로 돈 번 사람보다 돈 잃은 사람을 훨씬 많이 볼 수 있다.
주식은 어렵다는 것을 인정하고 위험한 행위라는 것을 인정한다면
투자 자금 투입도 더 조심스럽게 되고,
공부도 더 열심히 하게 될 것이다.

③ 투자 일지

공부를 잘하는 아이들의 비법 중 하나가 오답 노트다.
내가 틀린 문제를 기록하고
왜 틀렸는지를 기억하기 위한 노트다.
주식투자도 마찬가지다.
내 종목 선정이 왜 틀렸는지, 매수와 매도 타이밍이 왜 틀렸는지를
계속 기록해나간다면 그 오답 노트는
나를 성공한 투자자로 만드는 황금 열쇠가 될 것이다.
기억하지 못한다면 적어라.
아니 기억하지 못하기 때문에 적어야 한다.

④ 폭락 장 대처 방안

미·중 무역전쟁에 이어서 한·일 경제전쟁, 그리고 금리에 환율까지
최근 시장에 불확실성이 더해지면서
거래소, 코스닥 양시장 급락 장세가 연출되고 있다.
여러 주식투자 커뮤니티에 들어가보면
급락 장에 멘탈이 붕괴된 많은 투자자가 불안에 떨며 쓴
글들을 볼 수 있다.
어린아이가 뜨거운 불을 느껴야
다시는 불에 가까이 가지 않듯이
폭락 장도 경험한 사람과 경험하지 못한 사람의 대응은 천지 차이다.
주식투자는 '예측과 대응'이라는 말이 있다.
폭락 장을 미리 예측했다면 조금 더 잘 대응할 수 있었겠지만,
미리 예측하지 못했더라도 폭락 장이 오면 적절한 대응을 해야 한다.
폭락 장의 적절한 대응은 무얼까?

첫째, 왜 빠지는지에 대해서 깊게 생각하는 버릇을 갖자.
'결자해지'라는 말이 가장 잘 들어맞는 것이 폭락 장이다.
시장이 폭락한 데 원인이 있다면
그 원인이 해결될 때, 즉 악재가 해소될 때
장은 안정을 찾을 것이다.

둘째, 바닥을 미리 예단하지 말자.
주식에는 추세라는 것이 있어서
오를 때 오르는 힘 또는 내릴 때 내리는 힘이 강화되면서
주가가 생각보다 오래 유지될 때가 있다.
우리가 바닥이라고 생각하는 지점이
추가 하락의 시작점이 될 수도 있으니
쉽게 바닥을 예단하지 말자.
바닥 밑에 지하실, 지하실 밑에 땅굴이 있을 수 있으니까.

셋째, 경험을 했다면 기억해내고, 경험하지 못했다면 찾아봐야 한다.
과거 폭락 장의 주가 움직임을 말이다.
과거 지수가 반 토막 이상 났던 폭락 장을 꼽으라면
1997~1998년 IMF, 2000년 밀레니엄 파동,
2008년 미국발 금융 위기 등이다.
폭락 장의 차트를 찾아보면서,
생각보다 많이 빠질 수 있다는 것, 그리고
모든 희망이 사라질 때쯤 반등은 반드시 시작된다는 것 등
폭락 장의 기본 원리를 깨우쳐야 한다.

넷째, "모를 때는 손 빼"라는 바둑 격언처럼
손절매 또는 추가 저점 매수에 대한 판단이 어렵다면,
특히 심리적인 부분을 이겨내기 힘들다면
당분간 아무것도 하지 않는 것도 좋은 전략이다.
즉, 매매를 쉬고 보유 종목을 계속 보유한 채
시장의 상승 신호를 기다려보는 것이다.
물론 이때도 시장을 계속 관찰해나가야 하는 것은 물론이다.

⑤ 주식투자의 동기부여

어떤 일을 달성한 사람들은 최선을 다한 사람들이고,
최선을 다한 사람들은 그 일의 성취에 대한
동기부여가 잘 되어 있는 사람들이다.
'나는 왜 주식투자를 하는가?'라는 질문을 자주 하며
해답을 찾는 것이 좋다.

나의 경우에는
'해야 하는 일 = 하고 싶은 일 = 잘하는 일 = 주식투자'로
접근했다.
보통 해야 하는 일은 직업을 말한다.
그래서 내가 하고 싶은 일을 직업으로 삼는다면
가장 행복한 직업 선택이 될 수 있다.
또 다른 직업 선택의 기준은 잘하는 것이다.
좋아해서 선택한 직업인데,
내가 그 일을 잘할 수 없다면
자존감 하락을 떠나서 돈을 벌고자 하는
최초의 목적 달성이 어려워질 수 있다.
나는 주식투자를 너무 좋아했고,
주식투자를 잘하기 위해서 노력했고,
주식투자로 많은 돈을 벌어왔다는 것,
이것이 나에게 주식투자의 가장 큰 동기부여다.

지금까지 장시간 인터뷰
고맙습니다.

건강하십시오.

가끔 말 친구가 필요하면
연락 주세요.
나는 와인이나 소주나
가리지 않아요.

ㅎㅎ 연락드리겠습니다.

2019년 8월 5일(월)

 이홍장 이상투자그룹 수석 전문가

스윙주
종목: 쌍방울
종목코드: 102280
매수가: 1,165~1,170원

100만 원 매수합니다.

허영만

쌍방울
1,165원에 858주
매수 체결됐습니다.

 이홍장 이상투자그룹 수석 전문가

1,230원에
전량 매도 물량 걸어두세요.

허영만

주문 넣었습니다.

 이홍장 이상투자그룹 수석 전문가

쌍방울 매도되었습니까?

허영만

쌍방울
체결 평균가 1,230원에
858주 전량 매도 체결됐습니다.
수익률 5.29%

 이홍장 이상투자그룹 수석 전문가

KMH하이텍
1,150원에 전량 매도합니다.

마이크로프랜드
5,170원에 전량 매도합니다.

허영만

마이크로프랜드
5,170원에 전량 매도됐습니다.

마이크로프랜드
체결 평균가 5,190원에
298주 전량 매도 체결됐습니다.
수익률 3.18%

 이홍장 이상투자그룹 수석 전문가

마이크로컨텍솔은 있나요?

증권플러스에서
나오는 거랑 다르네요.

마이크로컨텍솔
344주 남아 있습니다.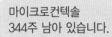

 이홍장 이상투자그룹 수석 전문가

신송홀딩스
매입 단가가 얼마인가요?

체결 평균가
5,394원입니다.

 이홍장 이상투자그룹 수석 전문가

신송홀딩스
5,100원에 전량 매도합니다.

매도 물량 걸어두세요.

오늘 코스피, 코스닥 지수
모두 역사적 전 저점을 이탈하여
매우 안 좋은 상황입니다.

허영만
주문 넣었습니다.

이홍장 이상투자그룹 수석 전문가

마이크로컨텍솔
2,610원 전량 매도합니다.

허영만

마이크로컨텍솔
체결 평균가 2,610원에
344주 전량 매도 체결됐습니다.
수익률 −10.25%

 이홍장 이상투자그룹 수석 전문가

식사 맛있게 하셨나요?
오후 장 시작하겠습니다.

허영만

신솔홀딩스
체결 평균가 5,100원에
370주 전량 매도 체결됐습니다.
수익률 −5.27%

 이홍장 이상투자그룹 수석 전문가

로보티즈 한 종목 남았죠?

허영만

넵.

2019년 8월 7일(수)

 이홍장 이상투자그룹 수석 전문가

율촌화학 1만 4900원
100만 원 매수합니다.

허영만

주문 넣었습니다.

 이홍장 이상투자그룹 수석 전문가

율촌화학 차트입니다.

이홍장 이상투자그룹 수석 전문가

1차 상승이 나오고 눌림 구간입니다.
20일선 지지하는 모습에 매수합니다.
1번 노란 선이 20일 선입니다.
이 부근에서 지지하여 1차 매수하고
추가 매수는 2번 선인 60일 선 부근이
2차 매수 시점입니다.

시장이 불안정하여
분할 매수로 공략합니다.

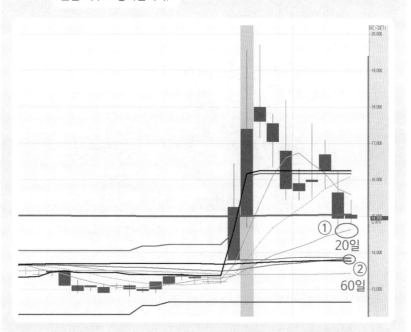

허영만

율촌화학
체결 평균가 1만 4900원에
67주 매수 체결됐습니다.

2019년 8월 8일(목)

이홍장 이상투자그룹 수석 전문가

스윙주
종목: **솔브레인**
종목코드: 036830
매수가: 7만 1300~7만 1000원
(매수가에 걸어놓으세요.)

| 투자 포인트 |
일본 수출규제 관련주

이홍장 이상투자그룹 수석 전문가

비중 100만 원 매수합니다.

7만 1200만 원에 매수합니다.

허영만

솔브레인
체결 평균가 7만 1200원에
14주 매수 체결됐습니다.

이홍장 이상투자그룹 수석 전문가

토박스코리아
1,200원 100만 원 매수.

1,220원에 매수.

허영만

토박스코리아
체결 평균가 1,220원에
819주 매수 체결됐습니다.

2019년 8월 9일(금)

 이홍장 이상투자그룹 수석 전문가

솔브레인 매도 준비하세요.

솔브레인
7만 5500원 전량 매도합니다.

미스터블루
7,430원 100만 원 매수.

허영만

솔브레인
매도 주문 넣었습니다.

미스터블루
134주 주문 넣었습니다.

 이홍장 이상투자그룹 수석 전문가

미스터블루 체결되었네요.

허영만

미스터블루
체결평균가 7,430원에
134주 매수 체결됐습니다.

203

허영만

솔브레인
체결평균가 7만 5500원에
14주 전량 매도 체결됐습니다.
수익률 5.75%

이홍장 이상투자그룹 수석 전문가

미스터블루 7,490원 전량 매도합니다.

허영만

주문 넣었습니다.

이홍장 이상투자그룹 수석 전문가

체결되었나요?

7,500원 찍었는데.

허영만

미스터블루
체결 평균가 7,490원에
135주 전량 매도 체결됐습니다.
수익률 0.53%

이홍장 이상투자그룹 수석 전문가

율촌화학
1만 5500원 전량 매도합니다.

허영만

정정 주문 넣었습니다.

율촌화학
체결 평균가 1만 5300원에
67주 전량 매도 체결됐습니다.
수익률 2.40%

이홍장 이상투자그룹 수석 전문가

토박스코리아
1,140원 100만 원 매수합니다.

허영만

토박스코리아
체결 평균가 1,140원에
877주 매수 체결됐습니다.

하웅

넘 어려운 시장에서 엔씨소프트
금일 종가 기준
상장 후 최고가 마감하였습니다.
우량주 중 거의 유일한 최고가 갱신,
의미 있는 흐름이라 생각됩니다.
화이팅!!!

18화

상승추세 판단

손명완

손명완
세광무역 대표
(대구 거주)

주식은
흐름에 맞춰서
매매를 해야
하는 기라요.

흐름에….
가치 투자를 말하는 건가요?
아니면 단기 매매를…?

예전에는 증권사 직원에게 전화해서 매매를 했지만
요새는 자기가 수시로 매매할 수 있는 환경이 돼가 있으니깐
빠르게 다른 종목으로 갈아탈 수 있지예.

내가 처음 주식을 할 때는
15개 종목을 5% 이상
장기 보유했었지예.

와!

그러나 그런 시기는
끝났다고 봅니더.

그때는 회사의 가치를 보고
투자했는데
요새는 가치는 어디가뿌고
투기성이 강한기라요.

으응

외국인과 기관들이
막 사니깐
뭔가 있을 것 같아서
개미들이 달려드는데

그걸
널짜삐는 거지요.
개미들만 아파요.

널짜다: '떨어뜨리다'의
경상도 사투리.

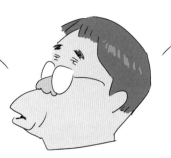

그래도 가치 투자를 얘기하는
사람들이 많은데요?

지금은 가치 투자는
없다고 봅니더!

기관들도
가치 투자는 안 합니더.

우리가 왜 이렇게
빨리빨리 매매를
할 수밖에 없는 구조가 됐냐면
일단 수수료가 없어요.

증권회사 통하지 않고
모바일로 거래를 하믄
공짜인기라요, 공짜.

그러니깐 조금만 올라도 이익이 나는 구조다.

빨리 움직일 수밖에 없는 이유는
강한 호재가 안 붙고
작전 세력이 안 붙으모
상한가 간다는 기
진짜 빡시다는 거지예.

어제 경우도
사료주가 폭등했거든요.

그럴 때는
더 두고 봅니까?

아니요.
내는 다 빼뿟어요.
다 털어뿟다고요.
○○산업, ㅁㅁ사료, △△산업 등등.

오늘 싹 다 밀려뿟어요.

왜 이렇게 매매가 빠르냐 하면
단타족들이 많다는 것이다.

데이 트레이딩(day trading) 잘하는 사람은
한 달에 1000만 원, 2000만 원 벌 수 있는 시장구조다.

가치를 보고 투자하모
절대 그렇게 벌지 못 합니더.

데이 트레이딩은
1억이나 2억 정도 운용하는데
그 돈은 퇴직금일 수가 많다.

요즘은 나이 50이 넘으므
집에 가는 분위기잖아요.

그 나이에 직장 구하기도 어려우니까
주식매매를 집에서 하든지
주식방에서 하지예.

주식방이요?

서울에
그런 데가
있다 카대요.

주식하는 사람만
모아서 임대해주고
컴퓨터 한 대 주고
랜선을 잘 깔면
속도가 빠르다.
증권사 속도하고
거의 비슷하다.

데이 트레이딩은 빠른 매매를 해야 되니까
빨리 주문 옇고 간다 싶어 드갔는데
밀리면 바로 팔아뿌는 거지예.

옇다: '넣다'의 경상도 사투리

주식을 한 주도 남기지 않는
데이 트레이딩하는 사람들이
많다는 것이다.
내일이 불확실하다.

저는 가치 투자와
데이 트레이딩을
같이 하고 있어요.

상승추세 판단을 하는
기준이 있나요?

기준은 생각을
많이 하는 거지예.

모든 뉴스 매체에서
나오는 조그만
말 한마디라도
귀담아 듣는 겁니더.

아무 생각 없이 들으모
정보를 얻을 수 없지예.

얼마 전에 중국 시장에서
돼지고기 값이 올라서
난리가 났었어요.

그런데도
우리나라는 꼼짝을
안 했어요.

그런데
나는 관련된 주식을
샀어요.

왜냐?
꼼짝을
안 하니까.

중국이 난리면
우리도 난리일 수밖에 없는 구조여서
나는 그걸 관심 있게 캐치하고
산 겁니다.

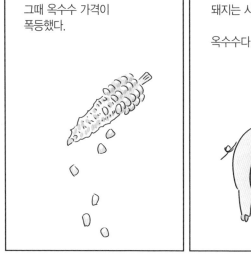

그때 옥수수 가격이
폭등했다.

돼지는 사료로 키운다.

옥수수다.

우리는 옥수수를
많이 재배하지 않으니까
전부 수입해야지예.

양돈 사업자들한테
큰 타격이 오지예.

그런 계산으로
사료 관련주를
매수했더니
폭등했지예.

와~

주가가 폭등할라믄
추종 세력이 있어야 합니더.

근데 세력이라는 거…
그건 주가 조작입니더.
불공정한 경기를 하는….

제가요, 금감원에서
조사를 세 번 받았어요.

세 번씩이나!

그런데 세 번 다
내 발로
걸어 나왔어요.

뭐라도 걸어서
집어옇을라 카는데
걸릴 게 없거든요.

주식을 사놓고 팔았다 샀다 안 하고
대기하고 있었거든요.

2019년 8월 12일(월)

이홍장 이상투자그룹 수석 전문가

토박스코리아
1,190원 전량 매도합니다.

허영만

토박스코리아
1,696주 1,190원에
전량 매도 체결됐습니다.
수익률 0.69%

221

이홍장 이상투자그룹 수석 전문가

> 종목: 마이크로프랜드
> 종목코드: 147760
> 매수가: 4,710원
> 비중: 100만 원

> 마이크로프랜드
> 4,710원, 100만 원 매수합니다.

허영만

> 마이크로프랜드
> 212주 4,710원에
> 매수 체결됐습니다.

 이홍장 이상투자그룹 수석 전문가

> 리드코프 6,730원,
> 100만 원 매수.

허영만

> 주문 넣었습니다.

 이홍장 이상투자그룹 수석 전문가

> 리드코프
> 6,830원 매수 정정합니다.

허영만

> 정정 주문 넣었습니다.

 이홍장 이상투자그룹 수석 전문가

> 리드코프
> 6,870원 매수 정정합니다.

허영만

> 리드코프 148주
> 체결 평균가 6,830원에
> 매수 체결됐습니다.

 이홍장 이상투자그룹 수석 전문가

> 네, 수고하셨습니다.

박동규 두나무증권 분석가 팀

안녕하세요?
오늘 보유 종목 모두 매도 부탁드립니다.
그동안 고생 많으셨습니다. 감사해요!

허영만

고생하셨습니다.
그러면 모두 시가로 매도하면 되나요?

박동규 두나무증권 분석가 팀

넵!

허영만

한솔홀딩스 55주
체결 평균가 4,040원에
매도 체결됐습니다.
수익률 - 20.68%

에이스침대 10주
체결 평균가 3만 4050원에
전량 매도 체결됐습니다.
수익률 4.48%

호텔신라 3주
체결 평균가 7만 7600원에
전량 매도 체결됐습니다.
수익률 - 24.12%

유니켐 200주
체결 평균가 1,880원에
전량 매도 체결됐습니다.
수익률 -12.79%

삼성증권 26주
체결 평균가 3만 5350원에
전량 매도 체결됐습니다.
수익률 - 5.86%

허영만

영풍정밀 103주
체결 평균가 8,430원에
전량 매도 체결됐습니다.
수익률 −12.60%

에프에스티 45주
체결 평균가 7,250원에
전량 매도 체결됐습니다.
수익률 −14.93%

인선이엔티 131주
체결 평균가 7,054원에
전량 매도 체결됐습니다.
수익률 −28.62%

NEW 45주
체결 평균가 3,535원에
전량 매도 체결됐습니다.
수익률 −46.58%

넷마블 15주
체결 평균가 8만 5500원에
전량 매도 체결됐습니다.
수익률 −33.50%

 박동규 두나무증권 분석가 팀

수고하셨습니다.^^

허영만

그동안 고생하셨어요.
고맙습니다.

척

골절 치료
끝나면
진탕 마십시다

이홍장 이상투자그룹 수석 전문가

로보티즈
1만 3000원 전량 매도합니다.

마이크로프랜드
4,790원 전량 매도합니다.

허영만

주문 넣었습니다.

로보티즈 45주,
체결 평균가 1만 3000원에
전량 매도 체결됐습니다.
수익률 − 32.77%

이홍장 이상투자그룹 수석 전문가

경인양행
9,530원 100만 원 매수합니다.

허영만

경인양행 104주
체결 평균가 9,530원에
매수 체결됐습니다.

───────── 2019년 8월 14일 (수) ─────────

 이홍장 이상투자그룹 수석 전문가

경인양행
9,570원 전량 매도합니다.

허영만

주문 넣었습니다.

 이홍장 이상투자그룹 수석 전문가

디이엔티 2,990원
100만 원 매수합니다.

허영만

주문 넣었습니다.

디이엔티 334주
체결 평균가 2,990원에
매수 체결됐습니다.

 이홍장 이상투자그룹 수석 전문가

리드코프
7,000원 매도합니다.

허영만

경인양행 104주
체결 평균가 9,570원에
전량 매도 체결됐습니다.
수익률 0.14%

+ ☺

허영만

리드코프 148주
체결 평균가 7,000원에
전량 매도 체결됐습니다.
수익률 2.21%

 이홍장 이상투자그룹 수석 전문가

타이거일렉 5,450원
100만 원 매수합니다.

허영만

주문 넣었습니다.

 이홍장 이상투자그룹 수석 전문가

율촌화학 1만 5800원
100만 원 매수합니다.

켐온 1,655원 100만 원 매수합니다.

허영만

타이거일렉 183주,
체결 평균가 5,450원에
매수 체결됐습니다.

켐온 604주,
체결 평균가 1,655원에
매수 체결됐습니다.

 이홍장 이상투자그룹 수석 전문가

로보로보 5,550원,
100만 원 매수합니다.

허영만

율촌화학 63주,
체결 평균가 1만 5800원에
매수 체결됐습니다.

로보로보 180주,
체결 평균가 5,540원에
매수 체결됐습니다.

2019년 8월 16일 (금)

최준철 브이아이피자산운용 대표

2분기 실적 시즌이 종료되었네요.
이에 따라 편입 종목 비중 조정합니다.

매일유업 8만 9500원에 5주 매도,
제주항공 2만 2850원에 20주 매도.

매일유업은 호실적에 맞춰
주가가 상승해 일부 이익 실현하고,

제주항공은 기업 가치 하락을 반영해
포지션 축소합니다.

허영만

매일유업 5주
체결 평균가 8만 9700원에
매도 체결됐습니다.
수익률 3.96%

제주항공 20주
체결 평균가 2만 2850원에
매도 체결됐습니다.
수익률 −35.21%

 최준철 브이아이피자산운용 대표

제주항공은 예상치 못한
한·일 관계 악화라는
이슈가 발생해 아쉽게 됐네요.
나머지는 회복을 기다리며
길게 보고 가겠습니다.

SK
18만 9000원에 5주 매수.

허영만

증거금 부족으로
4주만 매수 가능입니다.

4주만 매수할까요?

 최준철 브이아이피자산운용 대표

네.

허영만

주문 넣었습니다.

 이홍장 이상투자그룹 수석 전문가

타이거일렉
6,000원 전량 매도합니다.

허영만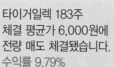

타이거일렉 183주
체결 평균가 6,000원에
전량 매도 체결됐습니다.
수익률 9.79%

오, 축하합니다.

 이홍장 이상투자그룹 수석 전문가

감사합니다.
시장이 너무 안 좋습니다만
이럴 때일수록 단기 매매로 짧게
수익을 지켜가면서 매매하겠습니다.

허영만

고맙습니다.
더위도 한풀 꺾였습니다.
화이팅해주세요.♥♥

 이홍장 이상투자그룹 수석 전문가

대양금속 5,550원,
100만 원 매수합니다.

허영만

9,550원인가요?

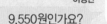 이홍장 이상투자그룹 수석 전문가

아, 죄송합니다.

잠시만요.

대양금속 9,450원,
50만 원 매수 주문합니다.

또 대양금속 9,410원,
50만 원 추가 매수합니다.

이홍장 이상투자그룹 수석 전문가

두 군데 각각 50만 원
매수 주문합니다.

허영만

주문 넣었습니다.

 이홍장 이상투자그룹 수석 전문가

대양금속 9,410원,
50만 원 주문을
9,490원으로 정정합니다.

대양금속 9,450원,
50만 원 주문을
9,500원으로 정정합니다.

허영만

정정 주문 넣었습니다.

 이홍장 이상투자그룹 수석 전문가

대양금속 9,730원,
50만 원 매수 주문합니다.

9,410원 주문은 취소합니다.

9,450원 주문은
9,650원으로 정정합니다.

허영만

주문 넣었습니다.

허영만

대양금속 51주
체결 평균가 9,730원에
매수 체결됐습니다.

 이홍장 이상투자그룹 수석 전문가

수고하셨습니다.
감사합니다.

231

이후로는 그동안 수고해주신 박동규 씨 대신
두 번째 연재된 이정윤 씨가 들어와서
수고하시겠습니다.
화이팅~♪

누적 수익률

(2019년 4월 15일 ~ 2019년 8월 16일)

자문단 수익률

하웅 −1.07	최준철 −4.25
이홍장 −0.3	박태우 −0.28
박동규 −14.81	허영만 −13.60

총평가금액 56,567,407원 (수수료 제외)

| 허영만 종합 수익률 −5.72 % | 코스피 등락률 −13.71 % | 코스닥 등락률 −22.96 % |

코스피·코스닥 주가지수 등락률과 허영만 계좌 종합수익률

(투자 시작일 4월 15일 기준)

19화

은행주는 절대 사지 마세요

손명완 씨는
뉴스 보기를 생활화한다.

한번은 뉴스에
식물 공장이라는
얘기가 나오드라고예.

나는 식물 공장을
5년 이상 공부했다.
식물 공장이란
대도시의 유리 건물 안에
LED 전구로 불을 켜서
식물을 키우는 것이다.

농촌으로 가지 않고도
대도시에서 농업이 가능한 구조다.

뉴스에 그 식물 공장이
활성화될 움직임이
있다는 겁니더.

재빨리 LED 전구
생산 업체에
투자했습니더.

급등하대예.

팔아서 재미 좀
봤지예.

그 뒤에 따라온
사람들은
다 물리뿟어요.

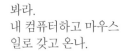

봐라.
내 컴퓨터하고 마우스
일로 갖고 온나.

그럴 것까지야….

1000억 할 때도
관리 종목이
60개밖에 없었는데,
250억으로 80개 관리?

왜 그렇게 할까요?

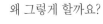

집중투자를 하면요,
종목이 적어가꼬
신경 안 쓰고 좋지만
그중 몇 개만 안 움직여도
골로 가는 수가 있는 기라요.

회사는 좋고 저평가되었는데
때려죽어도 안 가는
종목이 있지예.

나도 경험이 있습니다.
○○은행.

은행주는 절대
사지 마세요!

은행주 좋아하는 사람들은
배당도 받고
주가도 상승하는 걸
기대하는데

주가는 콘트리트에
발 박아 놓은 것처럼
안 움직이고
배당은 기껏
3%, 4%입니더.

그럴 꺼면
그냥 은행에 옇지
와 주식을 삽니꺼?

와 대형 은행주 하지 말라 카면은
구조상 빨리 움직여야 하는
테마가 없는 기라요.

외국인이나 기관들이
집중적으로 매수를 안 하는 이상은
안 움직인다는 거지예.

대형주는 느긋하게
기다릴 수 있는
돈 많은 사람들이
하는 겁니더.

채권은 기관들이
많이 하고예.

기관들….
그쪽은 해도 돼요.
왜?

그쪽은 1000억씩
막 때리뿌잖아요.

1%만
무도 10억
묵잖아요.

**무도: '먹어도'의
경상도 사투리**

은행주 사는 사람보고
그건 왜 하냐 물어보믄….

안전하잖아.

이카는 기라.

**이카는 기라:
'이러는 거야'의
경상도 사투리**

주식에서
안전따질라 카믄
안 사는 게
제일 안전하지예.

아, 왔구마이.

이거 보이소.
지는예 빠르게
매매해야 하니까
50억, 100억씩
투자할 수가 없습니다.

조금씩 투자해야
매매가 가능하니까예.

주식이라는 건
가다가 밀리다가를
계속하잖아예.

가지 싶어 갖고 있으모
'어, 어, 어' 하는 사이에 코피나고,

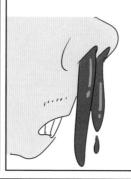

손절할라 카다가
조금만 우물쭈물 하모

20%, 30%
깨지는 기라요.

바이오주는
안 하세요?

한때 했었지예.

근디
바이오주 가격이
어느 정도가
적당한지
알 수가 없는 기라요.

특별히 이익도 나지 않는데
사람들이 막 드가드라고.

바이오주가 폭등해서
난리가 났었잖아요.

2004년, 2005년 이때는
지수가 올라가면
돈이 같이 움직였다.

그런데 3년 전부터는
업종별로 움직였다.

바이오면 바이오,
돼지면 돼지.

3년 전에 약국 차릴 만큼
제약주 26개 종목을
80억 들여서 샀었지예.

그해에 난리부르스가
났었어요.
1,000원짜리가 만 원가고….

난 대형주 아니면
다 샀어요.
1,000원짜리,
2,000원짜리 이런 거.
소위 말하는
동전주.

거기서 120억
벌었지요.

와!

더 갔었으모
500억 벌었을 기라요.
그때는 그랬다니까요.

나는 어느 정도까지 가서
됐다 싶으모 손 터는 기라요.
상투 꼭대기까지 가면 안 됩니더.
매매 시점을 놓치지 않는 게 중요하지예.

......

오늘을 봅시데이.
선풍기 만드는 회사예요.

내가 1,600원에 팔았는데
점점 더 가더니
1,800, 1,900, 2,000까지
가드라고예.

그때 애널리스트가 떠억 나와서
'목표가 3,000원' 이카드라고.

이기 웃기는 겁니더.
기관들이 사니깐
털고 나오려고
개미들 꼬시는 겁니더.

그 주식이
3,000원 갈 리
없거든요.

그 회사 영업 이익이 120억 났어요.
사상 최고치 이익이에요.
다른 중소기업도
그 정도 이익 나는 곳 많지만
그렇게 안 갑니데이.

2019년 8월 19일 (월)

 이정윤 밸런스투자아카데미 대표

넵, 알겠습니다.
최선을 다해 열심히 해보겠습니다.

허영만

화이팅!

 이정윤 밸런스투자아카데미 대표

넵!

 이홍장 이상투자그룹 수석 전문가

율촌화학
1만 4550원,
비중 100만 원 매수합니다.

253

허영만
주문 넣었습니다.

이홍장 이상투자그룹 수석 전문가

로보로보
5,900원 절반 매도합니다.

나머지 절반은
6,000원 매도합니다.

허영만

로보로보 90주,
체결 평균가 5,930원에
매도 체결됐습니다.
수익률 6.75%

이홍장 이상투자그룹 수석 전문가

로보로보
6,000원 매도 물량을
5,900원에 매도합니다.

허영만

로보로보 90주,
체결 평균가 6,000원에
매도 체결됐습니다.
수익률 7.97%

이홍장 이상투자그룹 수석 전문가

대양금속
9,820원, 50만 원 매도합니다.

대양금속
9,850원, 남은 50만 원 매도합니다.

허영만

대양금속 52주
체결 평균가 9,830원에
매도 체결됐습니다.

대양금속 나머지 52주,
체결 평균가 9,850원에
매도 체결됐습니다.
수익률 1.28%

율촌화학 68주,
체결 평균가 1만 4550원에
매수 체결됐습니다.

이홍장 이상투자그룹 수석 전문가

디이엔티 50만 원,
3,250원 매도 주문 걸어둡니다.

디이엔티 남은 50만원,
3,150원 매도 주문 걸어두세요.

허영만

디이엔티 167주,
체결 평균가 3,150원에
매도 체결됐습니다.
수익률 5.06%

이홍장 이상투자그룹 수석 전문가

디이엔티 3,250원 매도 물량
3,300원으로 정정합니다.

허영만

정정 주문 넣었습니다.

이홍장 이상투자그룹 수석 전문가

디이엔티 3,300원 매도 물량
3,100원으로 정정합니다.

허영만

정정 주문 넣었습니다.

디이엔티 167주,
체결 평균가 3,100원에
매도 체결됐습니다.
수익률 3.36%

이홍장 이상투자그룹 수석 전문가

케이사인 1,325원,
100만 원 매수.

1,320원으로
매수합니다.

허영만

주문 넣었습니다.

로보로보 나머지 90주
체결 평균가 6,000원에
매도 체결됐습니다.
수익률 7.97%

이홍장 이상투자그룹 수석 전문가

1,330원에 매수합니다.

놓쳤네요.

매수 주문 정정합니다.

허영만

케이사인 757주
1,330원에 매수 체결됐습니다.

2019년 8월 20일 (화)

이홍장 이상투자그룹 수석 전문가

케이사인
1,400원으로 절반 매도 주문합니다.

1,420원으로 나머지 절반
매도 걸어두세요.

허영만

주문 넣었습니다.

이홍장 이상투자그룹 수석 전문가

케이사인 1,420원 물량
1,365원 매도 주문 정정합니다.

허영만

로보로보 나머지 378주,
체결 평균가 1,365원에
매도 체결됐습니다.
수익률 2.35%

 이홍장 이상투자그룹 수석 전문가

1,400원 물량도
1,345원에 매도하겠습니다.

허영만

케이사인 379주,
체결 평균가 1,345원에
매도 체결됐습니다.
수익률 0.82%

 이홍장 이상투자그룹 수석 전문가

쌍방울 1,100원
100만 원 매수 주문합니다.

허영만

쌍방울 909주,
체결 평균가 1,100원에
매수 체결됐습니다.

 이홍장 이상투자그룹 수석 전문가

한일화학 1만 7750원
100만 원 매수.

허영만

주문 넣었습니다.

 이홍장 이상투자그룹 수석 전문가

한일화학 매수 안 되었으면
1만 7800원에 매수 주문합니다.

허영만

한일화학 15주만
체결 평균가 1만 7750원에
매수 체결됐습니다.

나머지 정정 주문 넣었습니다.

한일화학 41주,
체결 평균가 1만 7800원에
매수 체결됐습니다.

한일화학 총 56주 있습니다.

 최준철 브이아이피자산운용 대표

KT&G 10만 3000원에
10주 매도.

바닥에서 샀던 물량
정리합니다.

허영만

KT&G 10주,
체결 평균가 10만 3000원에
매도 체결됐습니다.
수익률 4.10%

 최준철 브이아이피자산운용 대표

메리츠화재
1만 8000원에 50주 매수.

허영만

메리츠화재 50주,
체결 평균가 1만 8000원에
매수 체결됐습니다.

2019년 8월 21일 (수)

 이정윤 밸런스투자아카데미 대표

좋은 아침입니다.

이노와이어리스(073490)
30주, 3만 4650원

어보브반도체(102120)
150주, 6,690원으로
주문 부탁드립니다.

이렇게 하면 되는건가요?

허영만

황야의 건맨 등장.♥ ♥

이노와이어리스 30주,
체결 평균가 3만 4300원.

어보브반도체 150주,
체결 평균가 6,680원에
매수 체결됐습니다.

 이정윤 밸런스투자아카데미 대표

넵, 알겠습니다.
최선을 다해 열심히 해보겠습니다.

 이홍장 이상투자그룹 수석 전문가

쌍방울 1,150원 전량 매도합니다.

허영만

주문 넣었습니다.

 이홍장 이상투자그룹 수석 전문가

체결되었나요?

안 되었으면
쌍방울 1,140원에 매도합니다.

허영만

쌍방울 909주,
체결 평균가 1,140원에
전량 매도 체결됐습니다.
수익률 3.35%

허영만

홍장 님의 맹활약
기대가 큽니다. ㅎㅎ

 이홍장 이상투자그룹 수석 전문가

종목: 에스모
종목코드: 073070
매수가: 6,240원 매수
비중: 100만원

허영만

주문 넣었습니다.

에스모 160주,
체결 평균가 6,240원에
매수 체결됐습니다.

 이홍장 이상투자그룹 수석 전문가

종목: 동국S&C
종목코드: 100130
매수가: 2,015원
비중: 100만 원

허영만

동국S&C 496주,
체결 평균가 2,015원에
매수 체결됐습니다.

 하웅

드디어 수익 실현 구간에
진입하고 있습니당.
장기 투자 정말 힘드네용.

하웅

재료 노출 직전이라.
과열 시 일부 매도하겠습니다.
아~ㅜㅜ 저랑 잘 안 맞네요. 장기 투자.ㅋ
근데 딱히 투자할 만한 종목이 없다는 거.

허영만

ㅎㅎㅎㅎㅎ.

 최준철 브이아이피자산운용 대표

제주항공 2만 4800원에
10주 매도.

허영만

제주항공 10주,
체결 평균가 2만 4800원에
매도 체결됐습니다.
수익률 -29.68%

 최준철 브이아이피자산운용 대표

D+2 기준 현금 잔고가
얼마인가요?

허영만

127만 8269원입니다.

2019년 8월 22일 (목)

허영만

아, 제주항공이 한일 관계 땀시 손실이 있었네요.

 최준철 브이아이피자산운용 대표

네, 불의의 일격을 맞았습니다.
하지만 다른 노선으로 돌리고 하면서
장기적으로 회복해나갈 거라 봅니다.

허영만

ㅎㅎ 최 대표의 헤드웍(headwork)이
필요해요.

 최준철 브이아이피자산운용 대표

ㅎㅎ 모든 종목이 다 맞을 수 있나요.
그래서 종목 분산이 필요하죠.
절치부심하겠습니다.

제주항공

이홍장 이상투자그룹 수석 전문가

에스모
6,250원 전량 매도합니다.

동국S&C
2,025원 전량 매도합니다.

허영만

동국S&C 496주,
체결 평균가 2,025원으로
전량 매도 체결됐습니다.
수익률 0.22%

2019년 8월 23일 (금)

하웅

화백님, 제가 이 작품에 대한 열정,
정말 진심으로 제 일보다 넘칩니당.
전편과 다른 매매 패턴을 보일라 하는 거지,
식은 거 아니어용.♡

허영만

고마워요.♥♥♥♥♥

허영만

하웅 검객이 칼 한번 번쩍허믄 우수수 쓰러지는 걸 앙게.
근디 엔씨 사놓고 가만 있었는디 랭킹이 2위 아뉴?
그것이 가치 투자? ㅎㅎㅎ

이홍장 이상투자그룹 수석 전문가

에스모
6,050원 전량 매도합니다.

율촌화학
1만5200원 전량 매도합니다.

켐온
1,580원 전량 매도합니다.

한일화학
1만 6800원 전량 매도합니다.

허영만
주문 넣었습니다.

 이홍장 이상투자그룹 수석 전문가

한일화학
1만 7000원으로 매도 정정합니다.

허영만
앗, 바꾸기 전에 이미
체결돼버렸습니다···.

허영만

한일화학 56주,
체결 평균가 1만 6850원에
전량 매도 체결됐습니다.
수익률 -5.53%

켐온 604주,
체결 평균가 1,590원에
전량 매도 체결됐습니다.
수익률 -4.19%

에스모 160주,
체결 평균가 6,070원에
전량 매도 체결됐습니다.
수익률 -2.99%

최준철 브이아이피자산운용 대표
> SK 19만 6500원에 5주 매수.

허영만

> SK 5주,
> 체결 평균가 19만 6500원에
> 매수 체결됐습니다.

영만아
너는 언제 떠?
랭킹 6위야
꼴찌

만화 그리고
백반기행 1주일에
2일씩 촬영하고...
힘들지만 금방
역전 시킬수 있다고

으이그~~
술 마시는 시간이나
줄이지

하응씨는 NC 소프트에
영만이는 한스바이오 메드에
목숨 걸고 있다

설마 설마 하다가
손절기회마저 날아갔다

손해 나는걸은 만회하려고 또
TV 출연으로 때우고 있다.

20화

죽지 않아!

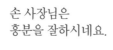

손 사장님은
흥분을 잘하시네요.

흥분 안 하게
됐습니꺼?

그러지 말고
주식 처음 시작할 때
얘기를 해주세요.

아, 예.

제가 중소기업을
전전하다가
IMF 때는
섬유회사 경리로
있었어요.
31살 때입니다.
지금은 56세고요.

경리는
안 어울릴것
같아요

거래 회사한테
약속어음 끊어 주모
현금이 급한 회사는
이자를 좀 떼어주고
현금으로 바꿔가는 긴데
내가 그걸 좀 했지예.

'어음 와리깡'*이라
하는 거죠?

그걸로 용돈 잘 쓰고 있다가
'60살이 되모 나는 어찌될까'라는
생각을 해봤어요.
깝깝하데예.

그래서 주식에 관심을 가졌죠.

● 어음 와리깡
(일본어. 속어) 우리말로 '어음할
인'. 어음에 적힌 금액에서 선이
자를 뗀 금액을 현금으로 바꿔
주는 일을 통칭하는 말.

그런데 캄캄합디다.
진짜 열악하더라고예.

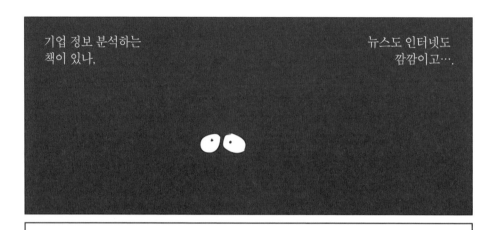

기업 정보 분석하는
책이 있나,

뉴스도 인터넷도
깜깜이고….

멋모르고 인터넷 전화로
매매를 했드만
전화 요금이 26만 원이
나와뿌데예.

그케도 주식으로
수익이 생기면 되는데
어디 그게 맘대로 됩니꺼?

순식간에 3억 까묵었어요.
집까지 다 팔고
완전 걸뱅이 돼뿌렀어요.

제가 성질이 좀 거시기 하거든요.
급해요.

이것이 주식하는 데
도움이 안 되더라고예.

왕년에
권투선수였다

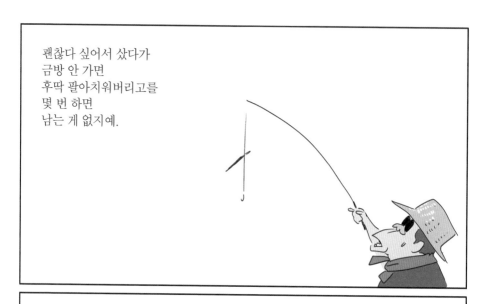

괜찮다 싶어서 샀다가
금방 안 가면
후딱 팔아치워버리고를
몇 번 하면
남는 게 없지예.

게다가 마누라한테 생활비 줘야 하니까
'원금 까먹으면 안 된다' 그러니까
더 급해지지예.
무리하게 배팅한다꼬예.

미수도 막 했죠.
2000만 원이 1주일 만에
없어져요.

다 까묵고 집을 나와서
원룸에서 생활했어요.

그래가 돈을 좀 모아서
8000만 원으로 다시 주식을 했는데
그놈의 무역 센터가…
9·11테러 사건!

또 폭삭했지요.
또 다 까묵었어요.

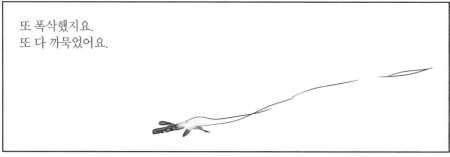

주식에 신물이 나더라고예.

에라이
챠뿌라!

20년 전 어느 날

다니던 회사가 원사하고 기계를 파는 회사였는데
원사 팔러 가는걸 따라가봤지예.

그런데 이것이 마진이 50%나 되는 것이었다.

이것 봐라.
거저 빨겠는데….

그카면 뭐합니꺼?

밑돈이 없으니
아무것도 못 하는걸.

하는 일마다 깨지니까,
하도 답답하니까
유명하다는 점쟁이들 다 찾아갔어요.

무역해라.

만화 그려.

캬바레가
답이여.

전부 다 말이
틀린기라.

그런데 고성동에 있는 노인의
말이 귀에 쏙 들어왔다.

39살까지는
숟가락만 가지고
있을 거다.

지금 38살인데….

자네는 40이 넘어야
술술 풀려.

40살 때 회사를 그만두고
모아놓은 3000만 원으로
회사를 차렸다.

50% 먹는 걸
10%만 먹으면은
되겠지.

작가님,
한 가지 물어보께요.

사업하는 데
판매가 우선입니꺼,
구매가 우선입니꺼?

구매가 아닌가요?
물건이 있어야 파니까….

저는 구매 먼저 한 뒤에
판매합니다.

주식도 마찬가지입니다.
매수가 곧 구매입니다.

매수를 잘하려면
구매, 즉 원사를 얼마나
싸게 사느냐가
중요하지예.

자본이 달리니까 원사를 조금씩 사고팔다가
전국의 원사 공장을 뒤져서 제법 많은 양을
싼 가격으로 구매했다.

그걸 대구에서 집중적으로 공급을 했다.

오, 이거
다른 데보다 싸네.

제품도 좋습니다.

첫해 12억 매출을 올렸다.
10% 마진이었으니까
1년에 1억 2000을 벌었다.

그 다음 해엔 24억 했고
4년째는 68억 매출을 올렸다.

와아~
급성장이네요.

출근 때 뉴스를 들었다.
미국 북부 지방에 태풍이 와서 홍수가 났고
원주민의 피해가 이만저만이 아니라는 것이었다.

미 북부면
목화 재배 지역이다.

카먼 원사 값이
오르겠다.

원사에 배팅했다.

이익 중 일부를
주식에 넣었다.

그 후 주가가
폭등하고 있었는데
내 주식만 제자리였다.

매도하지 않고 기다렸다.

7개월 만에 1,000원짜리가 3,200원까지 갔다.

그때 단 9억을 챙겼다.

80억 이상 수익이 있었는데
2008년 금융 위기 때 박살이 났다.

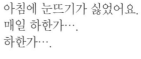

아침에 눈뜨기가 싫었어요.
매일 하한가….
하한가….

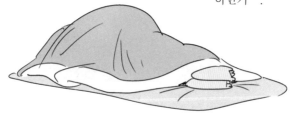

남은 주식을 처분할까 말까 하는데
연락이 왔다.

주식을 처분했다.

주식은 수익이 불확실하지만
원사는 당장 수익을
낼 수 있으니까!

저리
갈마!

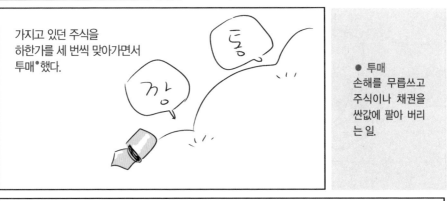

가지고 있던 주식을
하한가를 세 번씩 맞아가면서
투매*했다.

똥

깡

● 투매
손해를 무릅쓰고
주식이나 채권을
싼값에 팔아 버리
는 일.

그 돈으로 원사 장사를 해서 수익을 내고 있을 때
뉴스에 미국에서 주식이 세일 중이라고 떴다.

NOW
SALE

밥이나 묵고
티비 보소.

미국이 주식을
세일해요?

미국 주가가
70% 정도 떨어졌다고
하더라고요.

주식시장은
악재가 나오면
계속 주가를
떨어뜨리잖아요.

그러다가 어느 날
호재가 생기면
주가는 폭등합니다.

3개월 동안 투자가들의 넋을 빼놨으니까
시장이 완전 바닥이었다.

코스피 지수가 970포인트까지 떨어졌을 때 들어갔지예.
계속 사고, 대출해서 사고…

그해 2009년에 100억 챙겼다.

새끼들 내가 맡끼논 돈
다 갖고 온나!
우하하하하!

2019년 8월 26일 (월)

이정윤 밸런스투자아카데미 대표

안녕하세요.
여러 가지 재료로 불안한 아침이네요.

에이스토리(241840)
120주, 7,850원

그리고 신흥에스이씨(243840)
25주, 4만 850원 주문 부탁드립니다.

허영만

에이스토리 120주,
체결 평균가 7,800원

신흥에스이씨 25주,
체결 평균가 4만 850원에
매수 체결됐습니다.

이홍장 이상투자그룹 수석 전문가

비엠티 7,650원,
100만 원 매수합니다.

허영만

비엠티 130주,
체결 평균가 7,650원에
매수 체결했습니다.

이홍장 이상투자그룹 수석 전문가

인스코비 2,960원,
100만 원 매수합니다.

허영만

인스코비 337주,
체결 평균가 2,960원에
매수 체결됐습니다.

2019년 8월 27일 (화)

 이홍장 이상투자그룹 수석 전문가

인스코비
3,080원 전량 매도합니다.

비엠티
7,700원 전량 매도합니다.

율촌화학
1만 5000원 전량 매도합니다.

허영만

주문 넣었습니다.

 이홍장 이상투자그룹 수석 전문가

율촌화학 매도 취소합니다.

비엠티 매도 취소합니다.

허영만

취소 주문 넣었습니다.

 이홍장 이상투자그룹 수석 전문가

인스코비 체결되었겠네요.

허영만

인스코비 337주,
체결 평균가 3,080원으로
전량 매도 체결됐습니다.
수익률 3.77%

2019년 8월 28일 (수)

 이홍장 이상투자그룹 수석 전문가

율촌화학
1만 5450원 전량 매도합니다.

허영만
주문 넣었습니다.

이흥장 이상투자그룹 수석 전문가
나노메딕스 8,450원,
100만 원 매수합니다.

허영만
나노메딕스 118주,
체결 평균가 8,450원에
매수 체결됐습니다.

이흥장 이상투자그룹 수석 전문가
화천기계 3,220원,
100만 원 매수합니다.

허영만
화천기계 310주,
체결 평균가 3,220원에
매수 체결됐습니다.

이흥장 이상투자그룹 수석 전문가
화천기계 3,390원,
매도 주문 걸어놓으세요.

허영만
주문 넣었습니다.

이흥장 이상투자그룹 수석 전문가
나노메딕스
8,700원 매도 주문합니다.

허영만
주문 넣었습니다.

이흥장 이상투자그룹 수석 전문가
나노메딕스
8,600원으로 매도 주문 정정합니다.

허영만
정정 주문 넣었습니다.

허영만

율촌화학 131주,
체결 평균가 1만 5450원에
전량 매도 체결됐습니다.
수익률 1.69%

나노메딕스 118주,
체결 평균가 8,600원에
전량 매도 체결됐습니다.
수익률 1.50%

 이홍장 이상투자그룹 수석 전문가

비엠티 7,700원 매도합니다.

허영만

주문 넣었습니다.

 이홍장 이상투자그룹 수석 전문가

화천기계 3,270원 매도합니다.

허영만

주문 넣었습니다.

이홍장 이상투자그룹 수석 전문가

화천기계 올라갑니다.

3,300원 매도합니다.

허영만

주문 넣었습니다.

 이홍장 이상투자그룹 수석 전문가

매도 주문하셨나요?

3,280원으로 정정합니다.

허영만

정정 주문 넣었습니다.

 이홍장 이상투자그룹 수석 전문가

매도되었나요?

허영만
넵.

허영만
앗! 매도하자마자
또 올라가버리네요.ㅠㅠ

 이홍장 이상투자그룹 수석 전문가
네, 급등락을 해서요. 잘하셨습니다.

허영만
화천기계 310주,
체결 평균가 3,280원으로
전량 매도 체결됐습니다.
수익률 1.58%

2019년 8월 30일 (금)

 이홍장 이상투자그룹 수석 전문가
비엠티 7,450원 절반 매도합니다.

허영만
주문 넣었습니다.

허영만
비엠티 65주,
체결 평균가 7,450원에
절반 매도 체결됐습니다.
수익률 −2.88%

 이홍장 이상투자그룹 수석 전문가
네, 수고하셨습니다.

지금 보유 종목이
비엠티 절반만 남았나요?

율촌화학과 인스코비는
다 매도하셨죠?

이홍장 이상투자그룹 수석 전문가
지금 한 종목 비엠티만 있지요?

허영만
넵.

이홍장 이상투자그룹 수석 전문가
네, 감사합니다.

이정윤 밸런스투자아카데미 대표

안녕하세요.
KODEX 코스닥150 레버리지(233740)
6,705원에 150주 주문 부탁드립니다.

허영만

KODEX 코스닥150 레버리지 150주,
체결 평균가 6,695원에
매수 체결됐습니다.

이정윤 밸런스투자아카데미 대표

지난주 수요일에 첫 매매를 시작하여
오늘까지 투자금 1000만 원의 절반이 투입되었네요.
투자금 운영 원칙은 톱다운 방식에 의한
종목 선정과 분산 투자입니다.
현재까지 100만 원씩 투입된 다섯 종목의
매수 이유를 간단히 설명드리면 다음과 같습니다.

1. 이노와이어리스
5G 관련 업종 대표주인 케이엠더블유가
시가총액 2조 6000억까지
신고가 상승을 지속하고 있는 상황이라서
아직 상승률이 높지 않은
5G 관련주에서 선정하였습니다.
이 종목은 신고가를 갱신하였지만
연초 대비 상승률이 높지 않고,
올해 상반기에 확실히 실적이
턴어라운드*하는 모습을 보여주었다는 점과
5G망 구축에서 이제 스몰 셀* 제품군의 판매가
늘어나는 시기라는 점이 강점으로 보였습니다.

● 턴어라운드(turnaround)
실적이 호전되는 것을 의미한다.

● 스몰 셀(small cell)
전송 범위가 좁은 무선 통신 장비. 작고
낮은 전력으로 운영돼 상대적으로 유지
비가 저렴하다.

이정윤 밸런스투자아카데미 대표

2. 어보브반도체

시스템 반도체주로서,
정부의 미래 3대 신사업 중 첫 번째가 시스템 반도체이며
우리나라 1위 기업인 삼성이
시스템 분야에 투자를 늘리고 있다는 점이
투자 아이디어입니다.
실적은 메모리 반도체 관련주보다는 확실히 약해 보이지만
재료 가치에 비중을 두어 선정하였습니다.

3. 신흥에스이씨

전기차 관련주로서,
2018년의 당기순이익이 전년 대비 두 배 실적이었으며
올해 상반기 당기순이익도 전년 대비 큰 폭으로 증가한 만큼
전기차 배터리의 성장성이 실적에 반영되고 있는
몇 안 되는 종목이라는 판단입니다.
특히 하반기 유럽 시장에서의 전기차 시장 확대가 계속
업황 보고서에 나오고 있는 만큼
2차 전지 관련주들에 대한 관심이 필요하다는 판단에서
포트폴리오에 편입하였습니다.

4. 에이스토리

엔터주로서,
지수 하락기인 7월에 상장되어서
변변한 반등 없이 공모가에서
한없이 흘러내리는 약세 종목입니다.
엔터주 자체가 약세를 보이고 있는 시기라서
엔터주를 포트폴리오에 편입시킬까 고민이 많았지만,
주주 구성에서 CJ E&M과 중앙일보 제이콘텐트리,
중국의 IT업체 텐센트(Tencent, 腾讯)가 보인다는 점,
그리고 우리나라 드라마 최초로 넷플릭스(Netflix)에
〈킹덤〉을 전용 드라마로 공급한 제작사라는 점에서
OTT*시대의 중요해지는 시기와 맞물려
재료 가치가 매우 좋다고 판단했습니다.
〈킹덤2〉, 〈시그널2〉 등에 대한
재료 가치가 기다리고 있다는 점과
주주 구성에서 이 회사의 콘텐츠가
인정받고 있다는 점이 투자 아이디어입니다.

● OTT(Over the Top)

온라인동영상서비스. 'top'은 텔레비전에 연결된 셋톱박스를 의미한다. OTT는 전파나 케이블이 아닌 인터넷으로 각종 영상 콘텐츠를 제공하는 서비스를 말한다.

5. KODEX 코스닥150 레버리지

ETF로서,

코스닥 지수와 두 배 연동되는 상품입니다.

일단 7월부터 지속적으로 약세를 보였던 지수가

8월 초 투매 이후 안정을 찾아가는 시기라고 판단합니다.

특히 제약·바이오주의 약세로 코스닥이 과도하게 하락했었기에

반등 시 거래소 대비 빠른 반등도 가능하다고 생각합니다.

또한 포트폴리오 운영 관점에서

대형주보다는 중소형주가 많기에

보완의 관점에서 ETF를 편입하였습니다.

현재 1000만 원 중 시스템 반도체, 전기차,

엔터, 5G관련주, 코스닥 지수 ETF에

100만 원씩 투자하였고, 현금 비중 50%입니다.

차후에 편입을 고려하고 있는 업종은

디스플레이, 스마트폰, 4차산업 등

크게 봐서 기술주입니다.

이 정도로 포트폴리오 설명을 마칩니다.

금요일이네요.

편안하고 즐거운 주말 보내세요. 화이팅.

21화

잡주는 잡초처럼
생명력이 강하다

내 ××금속
얘기 한번 하께요.

집중적으로 투자했다.
××금속 발행주식의 5% 이상 취득해서
대량보유보고(일명 5% 룰)도 했다.

계속 매수하는데 주가는 계속 올라가고….
결국은 34%의 주식을
보유하게 되었다.

투자 금액이
400억에서 500억 사이였어요.
당연히 최대 주주로
변경이 되었지예.

그런데 말이죠.
최대 주주가 돼뿌니까
무슨 일을 하모
나한테 동의를 받아야 하는 일도
동의를 받지 않는 겁니더.

아무도
없느냐!

조 용

법으로 정해져 있어요.
주식을 3% 이상 보유하모 회계장부를 열람할 수 있고
5% 이상 보유하모 임시 주총을 요청할 수 있는데
하나도 통하지 않는 겁니더.

삐걱대다가 결국 3일 후
1380만 주를 손절매했다.

그때 ××금속 때문에 금감원에서 조사를 받았지만
주가조작도 문제없고 털 게 없으니까
아무 탈 없이 넘어갔다.

나도 손해났는데 뭘….
건들 게 뭐 있노.

나는 이익이 나는 기업에 투자합니다.
기업 가치를 보는 거지예.

그랬는데
잘 뜨지 않는다면
어떡합니까?

뭐 한 군데만
박아놓은 건 아니니까
괜찮습니더.

오르는 것도 있고
안 오르는 것도 있지만
내가 판단을 했으니까
기다리는 거지예.

아까도 말씀드렸지예.
주식투자하려면
뉴스를 많이 봐야 합니데이.

눈만 뜨모 공부합니더.

특히 중국 선물 차트를 자주 보는데
우리나라는 원자재가 부족한 나라여서다.

원자재의 수급 변동, 가격 변동에 따라
우리나라 주가가 움직인다.

요즘은 철강 쪽에
관심을 가져야 합니데이.

중국이
경기 부양을 위해서
SOC 사업을
추진하잖습니꺼.

● SOC (Social Overhead Capital)
사회간접자본. 산업 발전의 기반이 되는 여러 가지 공공 시설

우리나라도
경기 부양을 위해서
건설 SOC* 사업을
추진하고 있지예.

교량, 도로, 항만….
이런 쪽이기 때문에
SOC 사업을 엄청나게 벌이고 있어요.

철광석 가격이
움직이고 있습니다.

포스코도 연료 강판,
대열 강판의 가격을
인상했고요.

미세먼지에도 관심을 가져야 해요.

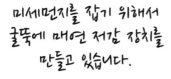

분명히
저거 가겠다.

주가 5,000원이 7,000원 됐다.

뉴스에서 힌트를 얻고 시장에서 소외되고 있는
작은 주식을 중심으로 매수한다.

남들은 '잡주'라고 하는데,
그게 그렇지 않습니데이.

저번에 TV에서 "잡주는 상대하지 마라"라고
나오는 기라요.
나한테는 웃기는 소립니데이.

'잡주'가 '잡초'처럼
생명력 강하고
더 오래 산다고예.

대형 회사들은 규모가 크니까
경영상 엉성한 곳도 있지만
조그만 회사는 피 터지게 일합니더.
이것 하나뿐이니까,
이것 깨지모 전부 죽으니까.

대형주라고
안전한 줄 아십니꺼?

○○중공업이 8,000원 돼삐고
◇◇산업이 1만 원이 돼삐써요.

잡주는, 다시 말해 소형주는
전체 규모가 작고 금액도 적으니까
방귀 소리만 나도 확확 달라집니데이.

ㅅㅂ, 언 놈은 주식은 사는 거지
파는 게 아니라고 했습니데이.
ㅅㅂ놈아!
미국에서는 그라는지 몰라도
한국에서는 택도 없따.
한국은 새끼야,
워런 버핏도 포스코 팔고 나갔다.
사는 거지 파는 게 아니라꼬?
그럼 언제 파노 ㅈ만아.
맨날 ㅅㅂ 쥐고만 있을래?

하하하,
증말 욕 대장이시네.

내가 암만 그케도
서울 사람들
1,000원짜리, 2,000원짜리
안 살걸요?

내 예를 하나
들께요.

최근에 900원짜리를
매수했는데
LPG 주유 관계
회사예요.

그 회사가
LPG 차량 판매가
국회에서 통과되어 가꼬
주가가 폭등했어요.

난 이유 없이 투자 안 한다.
남들보다 미리 내다보는 기다.

유럽에서는 5년 전에 LPG 차량이 엄청나게 팔렸다.
그런데 우리는 팔다가 중지시켰었다.

LPG가 많이 팔리면
휘발유가 안 팔린다.
휘발유는 세금이 90%다.
세수에 영향이 크니까
중단한 것이었다.

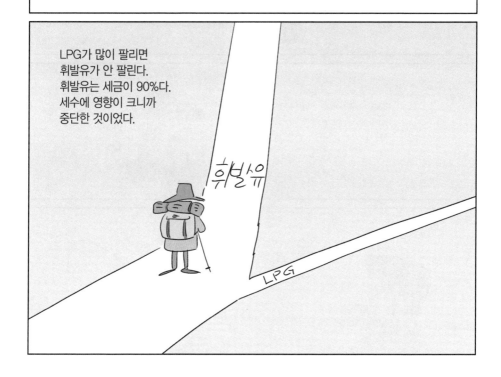

갈 놈은 다 갔어요.
따라가지 마세요.

SOC 사업과 관계있는
철강 쪽에 투자하라니까요.

이메일은
요거 맞죠?

맞는데
이메일 안 봅니더.

나중에 그림 그리고 나서
고칠 게 있나 보여드리고
연재할 거그덩요.

문자를 먼저 주시면
들여다 보겠습니다.

문자 먼저….
나랑 같구나.

욕을 하도 많이 해서리
욕 빼면 연재할 것이
있을지 모르겠습니다.
긴 시간 고맙습니다.

대구 오시모
연락 주이소.

2019년 9월 4일 (수)

 이흥장 이상투자그룹 수석 전문가

링크제니시스 8,180원,
100만 원 매수합니다.

허영만

주문 넣었습니다.

 이흥장 이상투자그룹 수석 전문가

대한광통신 4,220원,
100만 원 매수합니다.

허영만

대한광통신 236주,
체결 평균가 4,220원에
매수 체결됐습니다.

2019년 9월 6일 (금)

 이정윤 밸런스투자아카데미 대표

네오크레마(311390) 150주,
7,100원에 매수 주문 부탁드립니다.

허영만

네오크레마 150주,
체결 평균가 7,096원에
매수 체결됐습니다.

 이정윤 밸런스투자아카데미 대표

네오크레마
음식료주로서 분유 원료인
고순도 갈락토올리고당 제품 생산과
건강기능식품 진출이
포인트인 회사입니다.

이정윤 밸런스투자아카데미 대표

신규 상장된 지 보름 정도 지난 회사로,
공모가는 8,000원으로 상장 이후
변변한 반등 없이 흘러내리는 종목입니다.
차트는 아직 바닥이 확인되지 않은 불안정한 상태이지만,
건강기능식품 관련 재료 대비 저시총(低市價總額)주라는
관점에서 편입하였습니다.

3주 차까지 총 여섯 종목을 일괄적으로
100만 원씩 투자하였고
아직 매도는 한 번도 하지 않았습니다.
분산 효과를 위하여 서로 다른 업종을 편입하고 있으며,
현재 5G, 시스템반도체, 전기차, 엔터, 음식료, ETF로
구성되어 있습니다.
총 여덟 종목까지 채운 다음부터는
종목 교체를 위한 매도를 진행하며
포트폴리오를 운영할 계획입니다.
한 주 동안 수고하셨습니다.

22화

올 연말 주식시장, 결론은?

손명완 대표의 하반기 전망과 투자 방향

오늘 이후 주식시장 전망과
투자 방향을 말씀드리겠습니다.
제가 주식으로 돈을 벌었으니까
틀리든 맞든 그것은
각자의 판단에 맡기겠습니데이.

그렇죠.
판단은 10인 10색입니다.

다 다르니까 주식시장이 움직이는 깁니데이.
다 살라카면 시장이 움직이겠습니까?
사는 사람, 파는 사람이 있어야
물량이 확보되고 소화되는 거지예.

평소 시장을 '상고하저'로 봅니더.
전반기에는 좋았다가
후반기에는 안 좋다고 보는 거지예.
하지만 하반기 시장이
이렇게 아작 날 줄은 몰랐는데
10월에 미·중 무역 협상이 있지 않습니꺼?

10월은 미국의 농산물 수확기입니다.
옥수수, 밀, 대두 이런 거….
얼마 전에 일본에서 좀 사 갔는데,
일본은 다 소화 못 합니데이.

내년 11월 미국 대선 때
농민들의 표 집결이 중요하니까
결국에는 좋은 방향으로 갈 것 같습니다.

북한 핵 문제는 어떻게 될까요?

북한은 핵을 포기하지 않을 깁니더.
미국이 일부를 인정해주면서
협상하지 않으면 오래가겠지예.

핵보유국으로 인정한다고요?

유엔에서 대놓고 인정은 안 하겠지만
핵미사일 몇 개는 인정하고
더 생산 안 하는 쪽으로
마무리할 거라고 봅니데이.

연말에 장이 좋은
'산타 랠리'라고 있는데
우리나라는 산타 랠리*가 없어요.

● 산타 랠리(santa rally)
성탄절 부근을 기점으로 이듬해 초반까지 주가가 상승
세를 타는 현상을 가리킨다. 연말에 보너스가 지급되면
서 소비·지출이 늘어나 기업들의 이윤이 증대되는 것이
주된 이유다.

미국은 2008년 다우지수가 1만 4000포인트 때
리먼사태가 터져서 7,000포인트까지 빠지다가
지금은 2만 8000까지 갔어요.
우리는 2,500간다고 난리브루스를 치다가
8월 말에 2,000 깨졌어요.
왜 그러냐 카면 박근혜 정부 때
양도소득세 강화 정책이 나왔단 말입니다.

옛날에는 코스피에서 한 종목에 100억 원,
코스닥에서는 50억 원가지고 있으므 세금 냈는데.
종목 보유 금액이 30억 했다가 14억 했다가
올해는 12억으로 내려갔어요.
내년에는 10억까지 내려간답니다.
그러니 주주들이 머물고 싶겠어요?
싹 빠지뿌는 겁니데이.

장에 충격을 줄라카면 한꺼번에 끝내버려야지
찔끔찔끔 이게 뭡니꺼?
그러니 지수가 버티지 못합니다.
그러니 그 돈이 부동산 쪽으로 가겠지요?
이때 정부는 부동산 가격 억제책을 내놓습니다.
그러면 그 돈이 어디 가겠어요?
투자할 곳 없는 돈이 우왕좌왕하니까
부동산 가격도 조절이 안 되고
주식시장도 썰렁해지는 겁니데이.

미국 국민의
주식투자 비중은 70%입니다.
그 돈이 기업을 살리고
국가 경제를 살리는 깁니다.

워런 버핏을
'주식투자의 귀재'라고 합니다.
그 양반이 1977년도에
다우지수 1,000포인트 때 투자한 것이
지금 2만 8000포인트입니다.
미국 경제구조에서는
주식 사놓고 팔지 않으면 가는 깁니다.
우리나라 세금 정책도
전면 양도소득세로 간다고 봐야 하고
그렇게 되면 거래세가 없어져야 합니더.
이중과세거든요.

그럼 주식투자자들은
가을에 발 빼고 있다가
내년에 들어가야 합니까?

우리나라 기업 중
배당 잘 안 하는 기업이 많지만
배당을 착실히 하는 기업도 많지예.
고배당주에 투자하는깁니더.
4% 배당하는 저평가된 회사들이 많습니더.

지금이 살 때입니까?

지금도 좋고 11월쯤 사면 더 좋겠지예.
올해까지 가지고 있으모
내년 4월에 배당이 나오거든예.
개인들한테 추천하고 싶은 주식은
자본금 100억 이하 소형주입니더.
53조를 투입해서 SOC(도로, 항만,
토지개량 등 산업 기반 시설) 사업을
강화한다 했으니까
철강 쪽에 배당 좋은 회사를 고르면
'도랑 치고 가재 잡고' 식의
일석이조 효과를 노릴 수 있지예.
배당도 받고 주가도 오르고
혹 주가가 오르지 않더라도 배당이 있으니까
원금 보전 걱정을 하지 않지예.

연말에 샀다가
연초에 배당 받고 팔고,
현금 들고 있다가
또 연말에 샀다가 연초에 팔고….
거기에 주가가 뛰면…. ㅎㅎㅎ

꿩 먹고 알 먹고,
누님 좋고 매부 좋고.

외국에 주식투자를 하면
어떻습니까?

우리나라 사람들이 미국 주식투자를 많이 합니더.
미국서 양도소득세 물고 한국 들어올 때
또 세금 내야 합니데이.
양쪽에서 두들겨 맞습니더.
이때 환율이 급락하면 손실이 큽니더.
계산 똑바로 해야지예.

결론은 이렇습니데이.
"올 가을은 저평가된 배당주를 노려라."

2019년 9월 9일 (월)

 이정윤 밸런스투자아카데미 대표

안녕하세요.
NAVER(035420) 7주,
15만 2000원

컴투스(078340) 10주,
9만 4400원
두 종목 매수 주문 부탁드립니다.

허영만

컴투스 10주,
체결 평균가 9만 4400원에
매수 체결됐습니다.

NAVER 7주,
체결 평균가 15만 2000원에
매수 체결됐습니다.

 이정윤 밸런스투자아카데미 대표

이제 총 여덟 종목이 채워졌네요.
포트폴리오 운영 원칙은
업종, 테마, 시총(시가총액)을 기준으로
서로 주가 연동성이 다른 종목들로
분산 효과를 노리는 것으로 잡았습니다.
이제 총 여덟 종목이 채워졌으므로
앞으로 매도 후 매수만이
가능한 상태가 되었습니다.
매도는 이익 실현이나 손절 매도,
종목 교체를 위한 매도,
세 가지 상황의 매도가 발생할 것입니다.
오늘 매수한 종목을 간단히 설명하면

327

이정윤 밸런스투자아카데미 대표

NAVER
4차 산업혁명 관련주로서
단순한 포털서비스 관련주의 범위를 진작에 벗어났으며,
올해 들어서 카카오 대비 주가 탄력성이 약했지만
최근 들어 카카오 대비 주가 탄력성이 강화되면서
시총 4위권에 안착했습니다.
추세상으로 현대차를 제치고 시총 3위에 안착할 경우
단기 상승보다는 중장기 산업구조의 변화라고 보는 것이
타당할 것으로 보입니다.
'전통제조–구기술주–신기술주'의 변화
정도로 이해하면 될 듯합니다.

컴투스
게임주로서,
최근 시총 대장주인 엔씨소프트를 비롯하여
전체적인 동반 상승은 아닐지라도
부분적인 상승이 나오는 테마주입니다.
정배열인 엔씨소프트와 반대의 위치인
역배열*에서 반등을 노리는 종목으로
최근 하방경직을 확보하고 있으며,
모회사인 게임빌이 컴투스의 지분을
300억 규모로 확대한 결정이나
게임주 내의 낮은 주가수익비율(PER)*, 그리고
하반기 신작 이슈 등 좋은 재료들을
보유하고 있는 낙폭과대주라고 판단했습니다.

●역배열
주가와 지수의 방향성이 반대를 보이는 상황을 의
미한다. 즉 주가가 저점을 낮춰가며 하락세를 지속
하는데 지표는 고점을 높여가며 상승세를 보일 때
나 그 반대의 경우를 말한다.

●주가수익비율(Price Earning Ratio, PER)
특정 회사의 주가를 주당순이익으로 나눈 값. 한 주
가 2만 원인 주식이 1년에 주당 2,000원의 순이익
을 낸다면 PER는 10이다. 이는 특정 회사의 주식
가치가 고평가되었는지, 저평가되었는지를 가늠하
는 기준으로 이용된다.

허영만

이 형 정말 꼼꼼 허시네.
빈틈이 없어요. 고마워요.

 이정윤 밸런스투자아카데미 대표

> KODEX 코스닥150레버리지(233740)
> 7,165원 전량 매도,
>
> 신흥에스이씨(243840)
> 3만 6250원 전량 매도 부탁드립니다.

허영만

KODEX 코스닥150레버리지 150주,
체결 평균가 7,165원에
전량 매도 체결됐습니다.
8월 30일(금)
매수 체결 평균가 6,695원
수익률 6.99%

신흥에스이씨 25주,
체결 평균가 3만 6250원에
전량 매도 체결됐습니다.
8월 26일(월)
매수 체결 평균가 4만 850원
수익률 −11.51%

 이정윤 밸런스투자아카데미 대표

코스닥150레버리지 매도 사유
코스닥 단기 반등을 노리고 매수하였는데,
지난주까지 움직임이 나쁘지 않았고
현재까지도 나쁘지는 않지만,
추석을 앞두고 코스닥 지수가
조정을 받을 가능성이 있다는 판단에
소폭이나마 이익을 실현하기 위해 매도.

신흥에스이씨
전기차 관련주의 움직임이 단기적으로
좋아졌다는 판단하에 매수하였는데,

이정윤 밸런스투자아카데미 대표

오늘 수소차 관련주의 움직임이 좋아지면서
주가 흐름이 안 좋아지며,
음선이 깊게 나와서 단기 조정 가능성이
높아졌기 때문에 손절 매도 결정.

허영만

'주식을 일케 허는 것이구나'의 샘플

이정윤 밸런스투자아카데미 대표

응원 감사합니다.
교육적 목적과 실전 수익률 목적,
두 가지를 다 고려하면서
열심히 운영하겠습니다.

2019년 9월 10일 (화)

이홍장 이상투자그룹 수석 전문가

메가엠디 2,660원에
100만 원 매수 주문합니다.

허영만

주문 넣었습니다.

이홍장 이상투자그룹 수석 전문가

S&K폴리텍 7,320원에
100만 원 매수 주문합니다.

동시 호가이므로
지금 주문 넣습니다.

허영만

주문 넣었습니다.

이홍장 이상투자그룹 수석 전문가

메가엠디 2,680원으로
정정합니다.

이홍장 이상투자그룹 수석 전문가

체결되었나요?

허영만

메가엠디 375주,
체결 평균가 2,670원

S&K폴리텍 136주,
체결 평균가 7,280원에
매수 체결됐습니다.

2019년 9월 11일 (수)

 이홍장 이상투자그룹 수석 전문가

S&K폴리텍
7,630원 절반 매도합니다.

허영만

주문 넣었습니다.

 이홍장 이상투자그룹 수석 전문가

S&K폴리텍
매도가 도달했습니다.

메가엠디 장중 6% 급등했는데
너무 빨리 치고 빠져서
미처 매도를 못 했습니다.

아깝긴 한데 2,630원에
매도 주문합니다.

허영만

S&K폴리텍 68주
체결 평균가 7,630원에
절반 매도 체결됐습니다.
9월 10일(화)
매수 체결 평균가 7,280원
수익률 4.52%

이홍장 이상투자그룹 수석 전문가

삼부토건 845원,
100만 원 매수합니다.

이홍장 이상투자그룹 수석 전문가

844원 정정 매수합니다.

허영만

주문 넣었습니다.

이홍장 이상투자그룹 수석 전문가

메가엠디 팔렸나요?

2,630원까지 딱 왔었는데
체결되다가 말아서.

허영만

아니요.
375주 그대로 있습니다.

삼부토건 1,184주,
체결 평균가 844원으로
매수 체결됐습니다.

이홍장 이상투자그룹 수석 전문가

메가엠디 체결되었겠습니다.

허영만

오늘 메가엠디,
매도 사인이 없었습니다….

아!

제가 잘못 봤습니다.

이홍장 이상투자그룹 수석 전문가

아, 그럼 매도하지 마세요.

허영만

S&K폴리텍 얘기하시는 줄 알고…
죄송합니다….

 이홍장 이상투자그룹 수석 전문가

아니에요, 괜찮습니다.

더 오를 것 같아요.

누적 수익률

(2019년 4월 15일 ~ 2019년 9월 11일)

자문단 수익률

하웅 3.87		최준철 −2.85	
이홍장 2.27		박태우 1.92	
이정윤 −0.75		허영만 −8.15	

총평가금액 59,632,150원 (수수료 제외)

※ 8월 19일, 자문단이 교체되면서 이정윤 자문은 10,000,000원으로 새롭게 시작했습니다.
이 과정에서 1,481,252원이 추가 입금되었습니다.

허영만 종합 수익률 −2.66 %	코스피 등락률 −8.25 %	코스닥 등락률 −17.90 %

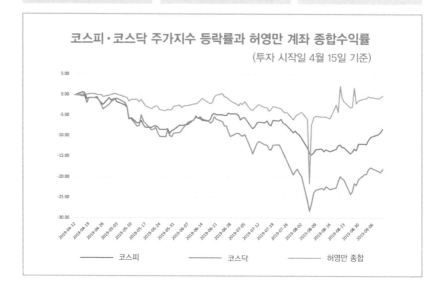

코스피·코스닥 주가지수 등락률과 허영만 계좌 종합수익률
(투자 시작일 4월 15일 기준)

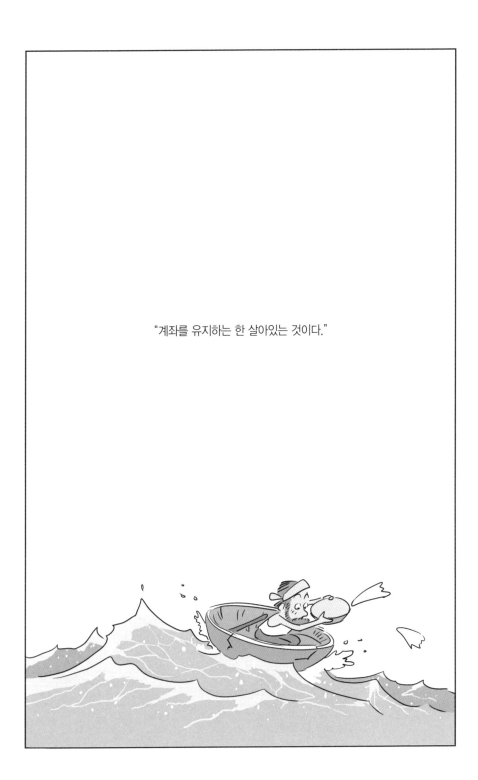

"계좌를 유지하는 한 살아있는 것이다."

여의도의 타짜들 - 이정윤, 손명완

허영만의 **6000만 원** ② _저평가우량주를 알아보는 안목

초판 1쇄 발행   2019년 11월 25일

글·그림   허영만

펴낸이   신민식
펴낸곳   가디언
출판등록   제2010-000113호(2010.4.15)
주 소   서울시 마포구 토정로 222 한국출판콘텐츠센터 319호
전 화   02-332-4103
팩 스   02-332-4111
이메일   gadian7@naver.com
홈페이지   www.sirubooks.com

ISBN   979-11-89159-44-3 14320
        979-11-89159-39-9 (세트)

이 도서의 국립중앙도서관 출판예정도서목록(CIP)은 서지정보유통지원시스템 홈페이지
(http://seoji.nl.go.kr)와 국가자료공동목록시스템(http://www.nl.go.kr/kolisnet)에서
이용하실 수 있습니다.